Na mente de todo mundo, Dr. Freud?

Introdução às fases de desenvolvimento psíquico pela Psicanálise

Rafael Duarte Oliveira Venancio

Publicação Independente na Amazon KDP
com apoio de
Caminhada Estelar | Espaço de Autoconhecimento e Expansão da
Consciência
&
To the Moon | Soluções em Storytelling
Outubro de 2021

Imagens de capa: Simone Lly (@usagilly no Instagram)

Disponível na Amazon em versão impressa e em e-book.

ISBN (versão impressa): 9798494592279

*"Olhe para dentro, para as suas profundezas,
aprenda primeiro a se conhecer"*

(Sigmund Freud)

Sumário

Uma cosmovisão atualizante chamada Psicanálise............................7

O desenvolvimento psicossexual 17

A fase oral 33

A fase anal..45

A fase fálica..51

O Complexo de Édipo 65

A latência..77

A fase genital 87

A importância do desenvolvimento psicossexual para a clínica....95

Dicas de leitura...101

SOBRE ESTE LIVRO 109

SOBRE O AUTOR 111

SOBRE O CAMINHADA ESTELAR | ESPAÇO DE AUTOCONHECIMENTO E EXPANSÃO DA CONSCIÊNCIA 112

SOBRE A TO THE MOON | SOLUÇÕES EM STORYTELLING........113

Uma cosmovisão atualizante chamada Psicanálise

Seja com os "Estudos sobre Histeria" do final do século XIX (escritos entre 1893 e 1895), seja com a "Interpretação dos Sonhos", publicada em 1900, bem na fronteira do século XIX com o século XX, Freud desenvolve a Psicanálise a partir de uma revolução bem ao espírito do chamado fin-de-siècle.

Por fin-de-siècle, costuma-se demarcar o sentimento cultural, artístico e intelectual do Ocidente na passagem do século XIX para o século XX. É identificado com um romantismo pessimista, mas também com um desvelar de mundo que acabar por lhe "sacudir" as bases.

O próprio Freud reconhecia isso na Psicanálise. Para ele, a descoberta do inconsciente - a ideia de que o humano (leia-se aqui a consciência) não é senhor nem em sua própria morada (leia-se aqui a mente) - é uma revolução semelhante à de Copérnico (que tirou a Terra do centro do Universo/Sistema Solar) e à de Darwin (que tirou o ser humano enquanto único e escolhido por alguma entidade mística promotora da Criação e o colocou no rol evolutivo de todas as espécies vivas do planeta).

Mais próximo do fim da sua vida, especialmente na Conferência XXXV, a última das "Novas conferências de introdução à psicanálise", de 1932, Freud define a psicanálise enquanto Weltanschauung, ou seja, visão de mundo ou cosmovisão. Renato Mezan interpreta isso, em seu artigo "Que tipo de ciência é, afinal, a Psicanálise - publicado na revista Natureza Humana em sua edição de julho e dezembro de 2007 - enquanto um esforço de Freud de entender se a Psicanálise seria uma concepção filosófica, seja ela de mundo ou do humano, ou mesmo, seja da mente, do comportamento ou mesmo da natureza de ser humano.

Claro que Mezan, em sua preocupação em pensar a Psicanálise enquanto ciência, tece críticas a uma visão "precária" e "pejorativa" que Freud possui da filosofia. Ora, na Conferência XXXV, o pai da Psicanálise descreve o pensamento filosófico a partir de dois versos de uma poesia de Heinrich Heine. Poesia essa que descreve uma atitude de cosmogonia de "reparos de buracos" em uma "estrutura de mundo" a partir de uma idiossincrasia de "quarto de dormir".

Assim, a psicanálise enquanto Weltanschauung não poderia apenas ser uma concepção de mundo no sentido filosófico de termo para Freud e, nessa esteira (mesmo criticando-a), Mezan deseja ver em que condições a Psicanálise pode ser uma ciência ou uma Weltanschauung científica.

No entanto, no presente texto, não é este o debate que desejam fazer acerca da Psicanálise enquanto Weltanschauung. A questão aqui é se ela é uma Weltanschauung, uma visão de mundo, uma cosmovisão válida para o século XXI, que difere especialmente na questão real-virtual com os séculos XIX e XX.

Vale a pena aqui uma breve síntese sobre o que o século XXI nos ofereceu.

O próprio século XXI começou com a sua própria versão de fin-de-siècle. Em um mundo cada vez mais computadorizado, a ideia de um "Bug do Milênio" que apagaria registros e levaria diversas empresas a uma "idade da pedra digital" foi, de certo, disseminada. Vale lembrar que, na transição entre 1999 e 2000, o virtual era apenas um engatinhar e a Internet um dado menor dentro da utilização dos computadores.

Assim, superado o "Bug", a ascensão da Internet dentro do mundo computacional foi exponencial na primeira década do século XXI. Com o avanço da Internet de banda larga e móvel, trabalhar online com computadores se tornou indispensável. A Web se torna dinâmica e avança para fluxos de produção que acentuam o processo de virtualização de conteúdos e processos.

No entanto, o primeiro grande passo na virtualização do eu foram as redes sociais. Utilizando uma metáfora do avatar, pouco a pouco, as redes sociais se tornaram um palco do mundo da vida onde certas subjetividades pareciam ser mais importantes do que aquelas do mundo físico. Viver em sociedade começou também a ser usar as redes sociais digitais.

A intensificação deste processo na segunda década do século XXI chega a um ponto de radical aceleração na transição para a terceira década. Por causa da pandemia do coronavírus em 2020, a virtualização ocupa e se impõe enquanto recurso único de socialização para se trabalhar, para se divertir e, até mesmo, para não se isolar por completo. Naquilo que os anglófonos usaram enquanto palavra de ordem - o "Stay safe. Stay healthy. Stay home" se torna possível apenas porque além de seres humanos reais, somos seres humanos virtuais com nossas redes sociais, dispositivos e outros protocolos de digitalização (contas bancárias, empregos, auxílios).

De certo, as dinâmicas do aparelho psíquico humano recebem influências desse mundo cada vez mais virtual. Diante disso tudo, a Psicanálise ainda é uma Weltanschauung que consegue responder às expectativas mundo atual (e virtual)?

Uma linha de pensamento para uma resposta afirmativa para este questionamento é o próprio caminho histórico da Psicanálise. Ou seja, ela avançou pelo século XX para além de Freud.

Sim, para além da revolução posta pela psicanálise freudiana, tivemos as movimentações na reflexão do eu no século XX feita por diversas "psicanálises" respondendo questões tais como o avanço da importância da criança na sociedade (Melanie Klein, Donald Winnicott), as questões da Segunda Guerra Mundial (Wilfred Bion, Erich Fromm), da contra-cultura (vale o destaque ao "Eros e a Civilização" e outros trabalhos de Herbert Marcuse) e, até mesmo, linhas que se provaram tão protagonísticas quanto a freudiana tal como a Psicologia Analítica de Carl G. Jung e o "Retorno a Freud" proposto por Jacques Lacan e, consequentemente, os lacanianos. No final do século XX, encontramos proeminências contemporâneas tais como a André Green, Joyce McDougall, entre outros.

Logo, podemos verificar que a Psicanálise não é uma Weltanschauung que parou no tempo. Ela é uma Weltanschauung que possui em seu cerne uma capacidade de atualização na sua concepção de mundo que visa responder às querelas e anseios do humano.

Claro que há diversas questões que o século XXI levantam para a psicanálise responder. Talvez essas questões sejam menos metapsicológicas/conceituais e mais do campo da clínica, dos casos e das análises. Afinal, até mesmo, atendimentos virtualizados estão no escopo do psicanalista destes novos tempos (e é a única forma de fazer clínica quando pensarmos no distanciamento social e, quiçá, nas questões a serem postas pelo novo normal).

Assim, mesmo construída em um mundo movido a vapor e à escrita em bico de pena e nanquim, a psicanálise é uma Weltanschauung capaz de dar conta ao mundo movido pelo byte e escrito em processadores de texto nas "nuvens". Basta que os psicanalistas do século XXI tenham o mesmo espírito de Freud e dos psicanalistas do século XX:

o espírito da permanente investigação visando uma Weltanschauung sempre pertinente.

É nesse espírito de pertinência (e atualidade) que escrevemos este livro.

Falaremos introdutoriamente, tal como se fosse uma apostila didática, do processo de desenvolvimento psicossexual teorizado por Sigmund Freud. São os conceitos mais inovadores de Sigmund Freud e que tornaram a Psicanálise célebre. Ao pensar as pulsões de origem sexual como um importante quesito na formação do ser humano, Freud não só cria conceitos tais como as fases (anal, oral, fálica, latência e genital), mas também a ideia de objeto de desejo e o famoso "complexo de Édipo".

São conceitos que chocaram no momento de sua criação no início do século XX. Ao vincular o desenvolvimento da mente de todos os humanos a fatores vinculados à libido ("Na mente de todo mundo?", podem perguntar. "Sim, na mente de todos nós", é a resposta freudiana), Freud - diferentemente de Piaget, Vygotsky ou os behavioristas - cria uma condição de desenvolvimento psicossexual, equacionando as formas básicas de sobrevivência e reprodução (instintos) com a nossa capacidade psíquica da mente de criar realidades.

Esta é mais uma iniciativa que tenho dentro da transmissão da Psicanálise. Afinal, já fiz programas de rádio[1], peças de teatro[2], palestras/artigos científicos[3], apostilas/videoaulas didáticas para Institutos de formação em Psicanálise[4] e, até mesmo, um pós-doutorado na Universidade de São Paulo sobre o assunto[5]. Digo sempre que faço uma Psicanálise "vira-lata" sem amarras das vertentes e sempre comprometido com a ideia de Bruno Bettelheim de que a Psicanálise visa o autoconhecimento e a busca pelo "Espírito Humano" sem vinculação com religiões ou outras ortodoxias[6].

---

[1] A série radiodocumental "O ouvido psicanalítico: 165 anos de Freud" veiculada pela Rádio USP FM entre abril e maio de 2021

[2] A peça "Sindelar no Divã do Dr. Freud" publicada em livro em 2021 e com possível encenação em 2022.

[3] Convido, para quem não conhece esse meu lado professor/pesquisador acadêmico que existe desde 2006, que conheça o meu site: www.rdovenancio.com.br

[4] Fui contratado em 2021 para fazer as apostilas e as videoaulas dos módulos 1 e 2 previstos do curso EAD de Formação em Psicanálise do IBRAPSI (Instituto Brasileiro de Psicanálise), sediado no estado do Paraná, sobre "Contexto Histórico Psicanalítico" e "Freud, Sonhos, Interpretação".

[5] No pós-doutorado, estudei como os arquétipos de Jung podem nos ajudar a fazer textos de dramaturgia e radiodramaturgia. Os resultados e teorias científicas utilizadas foram publicados em livro ("Seleção Paulista dos Craques de Outrora: Arquétipos e roteiros de um radioteatro para storytelling de futebol") em 2020.

[6] BETTELHEIM, B. *Freud & Man's Soul*. London: Chatto & Windus, 1983.

Assim, este é um livro tanto para interessados em Psicanálise, psicanalistas, estudantes e/ou curiosos. É até mais um livro de Introdução aos conceitos fundamentais da Psicanálise freudiana. Este é um livro que representa uma parte do meu trabalho holístico com autoconhecimento dentro do espaço que co-idealizei com minha esposa Simone Lly: o Caminhada Estelar - Espaço de Autoconhecimento e Expansão da Consciência.

Sem delongas, vamos realizar essa imaginativa viagem! Que a metapsicologia de Freud e sua cosmovisão psicanalítica estejam com todos vocês nas próximas páginas!

O desenvolvimento psicossexual

Devemos relembrar que uma das tarefas da cosmovisão freudiana é definir o papel da sexualidade na formação do indivíduo e de sua psique. Esse *insight* que Freud teve através do tratamento das histéricas (predominantemente a questão da relação psicoterápica entre Breuer e Anna O.), bem como através da autoanálise de seus sonhos publicada em *A Interpretação dos Sonhos* possibilitou Freud pensar em um desenvolvimento psicodinâmico a partir da sexualidade - por isso o nome "psicossexual" - dividido em fases que acompanhassem os primeiros anos da vida de um ser humano.

Cada uma dessas fases pode ser chamada de "fase de desenvolvimento psicossexual" ou "fase libidinal", pois é o conceito de libido que opera como pulsão principal nesse processo. Vale a pena ver que a libido, conforme visto pela Psicanálise e teorizado pelo próprio Freud mais tarde, é

"a energia (...) das pulsões relacionadas com tudo aquilo que pode ser abrangido pela palavra 'amor'. O que constitui o âmago do que chamamos amor é, naturalmente, o que em geral se designa como amor e é cantado pelos

poetas, o amor entre os sexos para fins de união sexual. Mas não separamos disso o que partilha igualmente o nome de amor, de um lado o amor a si mesmo, do outro o amor aos pais e aos filhos, a amizade e o amor aos seres humanos em geral, e também a dedicação a objetos concretos e a ideias abstratas"[7]

Claro que, no início da vida e conforme os escritos metapsicológicos de Freud, essa libido se encontra difusa e fixa em partes erógenas do corpo humano. Apesar de estarem mais vinculadas com a sexualidade, é importante notar que essas partes também estão vinculadas com outras pulsões (a boca com a fome, o ânus e a genitália com a necessidade de excreção). Assim, podemos caracterizar essa libido como uma pulsão cuja energia é o *"substrato das transformações da pulsão sexual quanto ao objeto (deslocamento de investimentos), quanto à meta (sublimação, por exemplo) e quanto à fonte da excitação sexual"*[8].

---

[7] FREUD, S. "Psicologia das Massas e Análise do Eu". In: Obras Completas volume 15. São Paulo: Companhia das Letras, 2014, p. 43.
[8] LAPLANCHE, J.; PONTALIS, J.-B. *Vocabulário de Psicanálise*. São Paulo: Martins, 1996, p. 265-266.

As fases do desenvolvimento psicossexual humano[9]	
FASE ORAL (Primeiro ano de vida)	*"Desde o nascimento, Freud afirma que a primeira fase de desenvolvimento de uma criança se concentra na região oral. Tendo como exemplo principal foco a amamentação da mãe, a criança obtém prazer no momento da sucção e sente satisfação com a nutrição proporcionada pelo ato. Caso a amamentação fosse interrompida precocemente, o autor afirmava que a criança teria atitudes suspeitas, não confiáveis ou sarcásticas, enquanto aquela que for constantemente amamentada terá uma personalidade confiante e ingênua. Com duração de um ano a um ano e meio, a fase oral termina na época do desmame."*
FASE ANAL (Entre um e três anos de idade)	*"Após receber orientações sobre higiene íntima, a criança desenvolve uma obsessão para com a região anal e o ato de brincar com as próprias fezes. Freud afirmava que a criança vê esta fase como uma forma de se orgulhar das suas "criações", o que levaria à personalidade "anal expulsiva". A criança poderia também propositadamente reter seu sistema*

---

[9] Elaboração a partir de citações de FERREIRA, D.J. V. ,"As fases do desenvolvimento psicossexual humano". *PET Docs*. Fortaleza: UFC, 2014.

	digestivo como forma de confrontar os pais, o que levaria à personalidade "anal retentiva". Esta fase tem duração de um a dois anos."
FASE FÁLICA (Entre três e cinco anos de idade)	"A fase fálica é a mais crucial para o desenvolvimento sexual na vida de uma criança. Ela se concentra nos órgãos genitais - ou a falta deles, se a criança for do sexo feminino - e os complexos de Édipo ou Electra surgiriam. Para um homem, a energia sexual é canalizada no amor por sua mãe, levando a sentimentos de inveja (às vezes violentos) contra o pai. Geralmente, no entanto, o menino aprenderá a se identificar com o pai, em termos de órgãos genitais correspondentes, reprimindo assim o complexo de Édipo. Por outro lado, o complexo de Electra, embora Freud não tenha sido tão claro assim, principalmente diz respeito ao mesmo fenômeno, porém invertido, para as meninas."
LATÊNCIA (Entre os cinco anos e o início da puberdade)	"Freud dizia que o período de latência no desenvolvimento da criança não é um período psicossexual, mas sim uma fase de desejos inconscientes reprimidos. Neste período, a criança já superou o complexo da fase fálica e, embora desejos e impulsos sexuais possam ainda existir, eles são expressos de forma assexuada em atividades como

	amizades, estudos ou esportes, até o começo da puberdade.”
FASE GENITAL (Após a puberdade)	*“Segundo Freud, na fase genital, a criança mais uma vez volta a sua energia sexual para seus órgãos genitais e, portanto, em direção às relações amorosas. Ele diz que esta é a primeira vez que uma criança quer agir de acordo com seu instinto de procriar. Os conflitos internos típicos das fases anteriores atingem aqui uma relativa estabilidade conduzindo a pessoa a uma estrutura do ego que lhe permite enfrentar os desafios da idade adulta. Neste momento, meninos e meninas estão ambos conscientes de suas identidades sexuais distintas e começam a buscar formas de satisfazer suas necessidades eróticas e interpessoais.”*

É possível resumir isso em um longo parágrafo:

“Na sua teoria do desenvolvimento humano, Freud considerou o critério afetivo, que corresponderia ao comportamento do indivíduo frente aos seus objetos de prazer e dividiu esse desenvolvimento em fases sucessivas, atribuindo a cada uma delas um nome ligado a parte do corpo que parecia dominar o hedonismo naquela situação.

Todo o desenvolvimento seria marcado por essas fases, que se caracterizariam, sobretudo pela mudança do que é desejado em cada uma e pela maneira como esses desejos são atingidos. Consideradas como fases pré-genitais temos: a fase oral (...), a fase anal (...) e a fase fálica (...) que coincide com o término do complexo de Édipo (...). A partir daí, as fases pré-genital se extinguem e a criança entra no período de latência (...) até quando entra na puberdade e sofre todo o processo de transformações biológicas e psicológicas que a preparam para a fase adulta ou pré-genital do desenvolvimento psicossexual. Na fase oral, grande parte da energia sexual é direcionada para os lábios e a língua, tornando-a portanto, a primeira zona erotogênica, uma vez que é esta a primeira parte a ser dominada pela criança. Nela o prazer está associado, inicialmente, ao processo de se alimentar. Em seguida, essa energia é grandemente direcionada para o ânus, que passa a ser a nova zona de prazer: o ato de defecar ou reter as fezes passa a provocar prazer sexual. Posteriormente, a criança entra na fase fálica, cuja zona erotogênica é formada do pênis ou do clitóris. Segundo Freud, essa fase é caracterizada de fálica porque nesse período do desenvolvimento – em torno de três ou quatro anos – ela se dá conta do seu pênis ou da sua ausência nas meninas. Estas três fases constituem as fases pré-genitais da sexualidade e o prazer obtido auto-erógeno. O período de latência ocorre quando a sexualidade pré-genital se extingue. O jovem em maturação apresenta uma vida sexual quase que exclusivamente limitada às suas fantasias e passa a dedicar-se mais às atividades culturais. (...) Na fase adulta ou genital do desenvolvimento os impulsos sexuais são despertados pelas mudanças hormonais que ocorrem no organismo do púbere[10]

Jung será um dos muitos psicanalistas a buscar uma definição para libido para as vontades em geral. No entanto, para a Psicanálise de matriz freudiana, o seu estudo está focado nas fases libidinais. Muitas das neuroses são definidas por uma fixação de um indivíduo em uma dessas fases (ou seja, o ser humano não conseguiu completá-la psiquicamente bem, causando algum recalque).

No entanto, mesmo com as críticas, é necessário que entendamos todos os detalhes dessas fases libidinais, bem

---

[10] GUSMÃO, S. M. L. "A teoria do desenvolvimento humano segundo Freud e Rogers". Trabalho apresentado ao VII Encontro Latino Americano da Abordagem Centrada na Pessoa, realizado de 9 a 16 de outubro de 1994

como a ideia do Complexo de Édipo. Apesar dessa estrutura ter sido concebida durante a primeira Tópica do aparelho psíquico (sistemas inconsciente, consciente e pré-consciente), essas ideias sobre as fases libidinais estarão na mente de qualquer psicanalista, seja ele freudiano ou mesmo psicanalistas de vertentes posteriores, tais como os kleinianos e os lacanianos. Até mesmo, aqueles que não usam mais o nome "psicanálise" em si (tal como os junguianos) possuem as fases libidinais como solo filosófico de compreensão do desenvolvimento psíquico humano e sua compreensão enquanto raiz de muitas dores psíquicas demonstradas na clínica.

Assim, é necessário vislumbrar que essas fases indicam uma ordenação, uma organização dos estágios desenvolvimentais da psique humana através do próprio desenvolvimento pulsional da sexualidade e dos objetos de desejo.

"O que caracteriza estas fases é um certo modo de organização da vida sexual. A noção do primado de uma zona erógena é insuficiente para explicar o que há de estruturante e de normativo no conceito de fase: esta só encontra o seu fundamento em um tipo de atividade, ligado

a uma zona erógena, é claro, mas que se reconhecerá a diferentes níveis de relação de objeto. Assim, a incorporação, característica da fase oral, seria um esquema que se encontraria em muitas fantasias subjacentes a outras atividades além da nutrição ("comer com os olhos", por exemplo)."[11]

Muitas das dores psíquicas (neuroses, especialmente) possuem sua raiz em um processo traumático em uma dessas fases, algo que se chama popularmente de "ficar parado na fase".

Isso não significa que não há as fases de desenvolvimento psicossexual seguintes, afinal de contas, alguém parado na "fase oral" e na "fase anal" passou, com certeza, pela "latência" e "fase genital" na medida em que foi envelhecendo.

No entanto, esta "parada" em uma fase libidinal significa que um comportamento traumático do presente é vinculado com algo desse passado mal-resolvido. Desse modo, a função da clínica psicanalítica - especialmente a freudiana - seria entender em que fase o cliente "parou"

---

[11] LAPLANCHE, J.; PONTALIS, J.-B. *Vocabulário de Psicanálise*. São Paulo: Martins, 1996, p. 182.

através da escuta ativa e da associação livre do paciente (sobre sonhos ou a vida cotidiana), ajudando-o a dissolver o sintoma que o prende a um passado infantil onde há algo que não foi totalmente resolvido.

O nome técnico desta "parada" é "fixação":

"diferentes momentos evolutivos deixam impressos no psiquismo aquilo que Freud denominou de pontos de fixação, em direção aos quais eventualmente qualquer sujeito pode fazer um movimento de regressão. Os "pontos de fixação" formariam-se a partir de uma exagerada gratificação ou frustração de uma determinada "zona erógena". No primeiro caso, o sujeito, diante de angústias insuportáveis, tenta regredir para um tempo e um espaço que lhe foi tão protetor e gratificante; no caso de uma excessiva frustração que foi a determinante do ponto de fixação, a regressão dá-se, muitas vezes, sabemos hoje, como uma tentativa de resgatar alguns 'buracos negros' existenciais"[12]

---

[12] ZIMERMAN, D. E. *Fundamentos Psicanalíticos: Teoria, técnica e clínica*. Porto Alegre: Artmed, 1999, p. 92.

Com o conceito de "fixação", Freud descreveu todo um *modus operandi* da neurose (base das dores psíquicas), vinculado com o próprio desenvolvimento psicossexual. Assim, a noção de fixação é um dos grandes legados freudianos fazendo-nos compreender que

"o fato de a libido se ligar fortemente a pessoas ou imagos, de reproduzir determinado modo de satisfação e permanecer organizada segundo a estrutura característica de uma das suas fases evolutivas (...) a noção de fixação encontra-se constantemente na doutrina psicanalítica para explicar este dado manifesto da experiência: o neurótico, ou mais geralmente todo sujeito humano, está marcado por experiências infantis, mantém-se ligado, de forma mais ou menos disfarçada, a modos de satisfação, a tipos arcaicos de objeto ou de relação; o tratamento psicanalítico confirma a influência e a repetição das experiências passadas, tal como a resistência do sujeito a libertar-se delas"[13]

Assim, a compreensão de cada uma das cinco fases nos permite a:

---

[13] LAPLANCHE, J.; PONTALIS, J.-B. *Vocabulário de Psicanálise*. São Paulo: Martins, 1996, p. 190.

1. Compreender a **idade** aproximada da experiência infantil que se caracterizou enquanto traumática;

2. Identificar qual é a **zona** erógena correspondente, cujo modo de "raciocínio" estará estruturando o sintoma. Por exemplo, "fase oral" = "boca" = "incorporação" = "dependência" ou "fase anal" = "ânus" = "expulsão" = "obsessão";

3. Identificar os **sinais adultos de "regressão"**, ou seja, de comportamentos "infantis" que indicam a fixação em alguma fase.

Mas, e o complexo de Édipo?

"Segundo Freud, o núcleo da neurose é o complexo de Édipo. Para ele, todo menino, em torno de quatro a cinco anos, deseja, inconscientemente, possuir sua mãe e, de algum modo, eliminar seu pai. Mas o temor que sente pelo seu pai e o medo de ser castrado, o reduz a um ser "assexuado" [sendo isso ocorrendo de maneira "espelhada" com o clítoris no dito Complexo de Electra]. Esse medo da

castração anula definitivamente o complexo de Édipo e os dois (complexo de Édipo e de castração) representam o ápice do desenvolvimento da sexualidade infantil. De fato, como os desejos incestuosos não são tolerados na maioria das sociedades, o complexo de Édipo não tem outro fim senão o de ser vencido, pelo menos parcialmente pelo complexo de castração. A ansiedade da castração, o temor e o amor pelo seu pai e o amor e o desejo sexual por sua mãe não podem nunca ser completamente resolvidos. Na infância. todo o complexo é reprimido. (...)

Vale salientar que para Freud o comportamento ulterior que o indivíduo viesse a apresentar – quer normal quer patológico – só seria explicado a partir do histórico das fases de organização provisória do seu desenvolvimento psicossexual. E a estreita sujeição do desenvolvimento geral ao desenvolvimento libidinal explica este corolário inevitável na idade adulta um distúrbio funcional, na esfera genital, está necessariamente vinculada a perturbações do comportamento de ordem afetiva e inversamente as perturbações psico-afetivas fazem-se acompanhar sempre de um comportamento sexual característico. Freud comparou o desenvolvimento psicossexual a um exército que avança deixando em cada fase algumas tropas. Todavia para que esse exército não se enfraqueça é fundamental que esse número não seja elevado (fixação num estágio). Sempre que o prazer for frustrado ou exagerado, numa determinada fase pode ocorrer a fixação. Por outro lado, como foi dito, a forma como cada fase foi vivenciada é determinante no comportamento futuro do indivíduo (...) Em resumo, podemos dizer que o modelo do desenvolvimento psicossocial proposto por Freud, considera que haja nos primeiros anos de vida uma progressão de experiências relacionadas com o desabrochar biológico-sexual do indivíduo e que ele seria para sempre afetado por essas experiências sexuais infantis. Particularmente, com relação ao complexo de Édipo, pois este tem se constituído, ao longo da história da psicanálise, no ponto central de referência da psicopatologia. Os psicanalistas procuram determinar, a partir dele, nos diversos tipos patológicos, os modos de sua posição e de sua resolução."[14]

---

[14] GUSMÃO, S. M. L. "A teoria do desenvolvimento humano segundo Freud e Rogers". Trabalho apresentado ao VII Encontro Latino Americano da Abordagem Centrada na Pessoa, realizado de 9 a 16 de outubro de 1994

Assim, entendendo as especificidades (idade, zona e sinais adultos de regressão) de cada uma das cinco fases (oral, anal, fálica, latência e genital), bem como o Complexo de Édipo (que é um evento relacional dentro da fase fálica), há o caminho para a compreensão de como a psicanálise constrói a sua cosmovisão

Assim, analise os próximos seis setores com cuidado e sem preconceitos (e pré-conceitos) sobre a sexualidade e o papel que ela desempenha no desenvolvimento humano. Lembre-se sempre que a Psicanálise é uma visão de mundo, uma cosmovisão, que é essencialmente leiga. Ou seja, ela não é dependente de nenhuma outra forma de saber científico ou religioso, sendo autônoma no seu modo de ver o mundo, de atuar sob ele e ajudar na melhoria da experiência humana na qual estamos imersos.

A fase oral

Se formos em um vocabulário de Psicanálise, a fase oral apresenta uma definição bem coesa:

"Primeira fase da evolução libidinal. O prazer sexual está predominantemente ligado à excitação da cavidade bucal e dos lábios que acompanha a alimentação. A atividade de nutrição fornece as significações eletivas pelas quais se exprime e se organiza a relação de objeto; por exemplo, a relação de amor com a mãe será marcada pelas significações seguintes: comer, ser comido."[15]

Mas, qual é a história por trás dessa descoberta freudiana? É sabido que Freud, junto com o seu estudo sobre a histeria, conviveu em alguns hospitais infantis. Não só por interesse próprio - seu casamento proporcionou muitos filhos logo nos primeiros anos - mas também como objeto de pesquisa em neurologia.

---

[15] LAPLANCHE, J.; PONTALIS, J.-B. *Vocabulário de Psicanálise*. São Paulo: Martins, 1996, p. 184.

Assim, além de estudar os sonhos e fatos da vida cotidiana (atos falhos, lapsos, tiques) com o inconsciente, ele começou a observar os bebês e considerações que os pediatras tinham sobre o desenvolvimento intelectual deles.

Na virada do século XIX para o século XX, ainda era corrente a ideia de que a sexualidade só viria na puberdade ("fase genital" em termos psicanalíticos), sendo os atos infantis desprovidos de qualquer busca de prazer que poderia ter vínculo com o sexual.

A descoberta da fase oral por Freud - que veio antes das fases anal e fálica, dentro do escopo da fase genital) - demonstrou um choque à sociedade moralista de seu tempo, no entanto, mostra uma espécie de sagacidade observacional desse cientista. Afinal de contas, sempre foi de interesse de Freud, uma observação cartesiana da psique humana. Se ele designa a psique tal como se fosse um mapa (dividido em três sistemas - inconsciente, consciente e pré-consciente - com "fronteiras") e o sonho sendo produzido pela mente tal como se fosse um trabalho em quatro etapas, o desenvolvimento da psique através da sexualidade haveria de ter uma sistematização progressiva semelhante.

Ao encontrar essa primeira organização da libido na oralidade do bebê, Freud vislumbrou um processo de progressão onde o bebê vai não só aos poucos se separando da sua dependência da mãe, mas organizando sua vida em relações de autonomia e dependência com os primeiros humanos que ele entra em contato, ou seja, seus pais. A fase oral é apenas o pontapé inicial disso.

No entanto, como a fase oral é visível em uma criança qualquer?

"É durante o ato de "mamar", quando a criança busca a preservação do equilíbrio vital, que surgem as primeiras experiências de prazer. Pois, ao sugar o seio da mãe sua boca entra em contato com a pele dela e seus lábios se comportam como transmissores de sensações prazerosas. Segundo Freud [nos Três ensaios sobre sexualidade], "É pela boca que começará a provar e a conhecer o mundo. É pela boca que fará sua primeira e mais importante descoberta afetiva: o seio. O seio é o primeiro objeto de ligação infantil. É o depositário de seus primeiros amores e ódios". Os lábios e a língua do bebê tornam-se zona erógena pela qual, ao sugar o leite, a criança sente prazer em se alimentar e desta forma, a sensação prazerosa fica associada à necessidade

de alimento. Freud [nas Conferências Introdutórias à Psicanálise] descreve a presença desse prazer ao afirmar que "Quem já viu uma criança saciada recuar do peito e cair no sono, com as faces coradas e um sorriso beatífico, há de dizer a si mesmo que essa imagem persiste também como norma da expressão da satisfação sexual em épocas posteriores da vida". Neste momento a energia libidinal, está organizada em torno da boca.

Esta fase Freud denominou de "oral", pois tudo que a criança pega leva à boca, este é o primeiro vínculo que a criança estabelece com o mundo. Ao abandonar o seio da mãe e começar a sugar o dedo ou até mesmo a própria língua ocorre o início da auto-erotização pela criança, quando se pode afirmar uma sexualidade que se desvia do instinto. Com o passar dos meses a necessidade da satisfação dissocia-se da necessidade de se alimentar, nesta fase a criança busca em seu corpo uma forma de encontrar o prazer antes sentido no seio de sua mãe. A criança passa a sugar parte de seu corpo, isso se torna mais cômodo dando a ela a sensação de independência do mundo externo. Assim sendo, para Freud, o sugar que surge no lactente pode persistir por toda a vida do indivíduo e consiste na repetição rítmica de sucção com a boca e não tem nenhum propósito de nutrição. Nesse período, qualquer parte de seu corpo (parte dos lábios, língua, dedo das mãos ou dos pés, ou ponto da pele) pode ser usado como objeto para sucção."[16]

Dito isso, vamos entender a história e a teoria psicanalítica por trás dessa observação.

"Na primeira edição de Três Ensaios sobre a Teoria da Sexualidade (1905), Freud descreve uma sexualidade oral que ele destaca no adulto (atividades perversas ou preliminares) e reencontra na criança baseando-se nas observações do pediatra Lindner sobre a significação masturbatória da sucção do polegar (...)

A atividade de chupar assume a partir dessa época um valor exemplar que permite a Freud mostrar como a pulsão sexual, que a princípio se satisfaz por apoio numa função vital, adquire autonomia e se satisfaz de forma auto-erótica. Por outro lado, a vivência de satisfação que fornece o protótipo da fixação do desejo em um determinado objeto, é uma experiência oral, é pois possível aventar a hipótese de

---

[16]COSTA, E.R.; OLIVEIRA, K. E. "A Sexualidade Segundo A Teoria Psicanalítica Freudiana E O Papel Dos Pais Neste Processo". *Itinerarius Reflectionis. vol 2, n. 11, 2011.*

que o desejo e a satisfação fiquem para sempre marcados por essa primeira experiência.

Em 1915 [nas Conferências Introdutórias à Psicanálise], depois de reconhecer a existência da organização anal, Freud descreve como primeira fase da sexualidade a fase oral ou canibalesca. A fonte é a zona oral; o objeto está estreitamente relacionado com o da alimentação; a meta é a incorporação. Portanto, já não se acentua apenas uma zona erógena - uma excitação e um prazer específicos - mas um modo de relação, a incorporação.

A psicanálise mostra que esta, nas fantasias infantis, não está ligada apenas à atividade bucal, mas pode transpor-se para outras funções (respiração e visão, por exemplo)"[17]

O que seria então este modo de relação da fase oral denominado "incorporação"? A incorporação é um dos primeiros mecanismos de relação com o objeto, crucial para a análise das psicopatologias de acordo com a psicanálise.

---

[17] LAPLANCHE, J.; PONTALIS, J.-B. *Vocabulário de Psicanálise*. São Paulo: Martins, 1996, p. 184-185.

"[A incorporação é o] processo pelo qual o sujeito, de um modo mais ou menos fantasístico, faz penetrar e conserva um objeto no interior do seu corpo. A incorporação constitui uma meta pulsional e um modo de relação de objeto característicos da fase oral; numa relação privilegiada com a atividade bucal e a ingestão de alimentos, pode ser igualmente vivida em relação com outras zonas erógenas e outras funções. Constitui o protótipo corporal da introjeção e da identificação" [18]

E o que seria "introjeção" e "identificação" para Psicanálise freudiana? Primeiro, vamos entender "introjeção", que está na base da ideia de "identificação" para Freud.

"[Introjeção é um] processo evidenciado pela investigação analítica. O sujeito faz passar, de um modo fantasístico, de "fora" para "dentro", objetos e qualidades inerentes a esses objetos. A introjeção aproxima-se da incorporação, que constitui o seu protótipo corporal, mas

---

[18] LAPLANCHE, J.; PONTALIS, J.-B. *Vocabulário de Psicanálise*. São Paulo: Martins, 1996, p. 238.

não implica necessariamente uma referência ao limite corporal (introjeção no ego, no ideal de ego, por exemplo)

Foi Sandor Ferenczi que introduziu o termo introjeção (...) Freud adota o termo introjeção e o contrapõe nitidamente à projeção (...) A introjeção caracteriza-se ainda pela sua ligação com a incorporação oral. Aliás, os dois termos são muitas vezes usados como sinônimos por Freud e por inúmeros outros autores. Freud mostra como a oposição introjeção-projeção se atualiza inicialmente segundo o modo oral antes de se generalizar. Este processo "exprime-se assim na linguagem das pulsões mais antigas, orais: quero comer aquilo ou quero cuspi-lo; e traduzido numa expressão mais geral: quero introduzir isto em mim e excluir aquilo de mim (...)

A introjeção foi inicialmente evidenciada por Freud na análise da melancolia e depois reconhecida como um processo mais geral. Nesta perspectiva, ela renovou a teoria freudiana da identificação" [19].

---

[19] LAPLANCHE, J.; PONTALIS, J.-B. *Vocabulário de Psicanálise*. São Paulo: Martins, 1996, p. 248-249.

Assim, podemos definir "identificação" segundo Freud, lembrando que este conceito é aquele no qual as diversas linhas de psicanálise mais se debatem.

"[Identificação é o] processo psicológico pelo qual um sujeito assimila um aspecto, uma propriedade, um atributo do outro e se transforma, total ou parcialmente, segundo o modelo desse outro. A personalidade constitui-se e diferencia-se por uma série de identificações.

(...)

Na obra de Freud, o conceito de identificação assumiu progressivamente o valor central que faz dela, mais do que um mecanismo psicológico entre outros, a operação pela qual o sujeito humano se constitui. Essa evolução tem relação direta principalmente com a colação em primeiro plano do complexo de Édipo em seus efeitos estruturais.

(...)

O conceito de identificação é enriquecido por diversas contribuições:

1. *A noção de incorporação oral é isolada nos anos 1912-1915 em "Totem e Tabu" e "Luto e Melancolia". Freud mostra o papel desta principalmente na melancolia, em que o*

sujeito se identifica no modo oral com o objeto perdido, por regressão à relação de objeto característica da fase oral (a incorporação).

2. *A noção de narcisismo é circunscrita. Em "Sobre o narcisismo", Freud esboça a dialética que liga a escolha narcísica do objeto (o objeto é escolhido segundo o modelo da própria pessoa) à identificação (o sujeito, ou qualquer das suas instâncias, é constituído segundo o modelo dos seus objetos anteriores: apis, pessoas do seu meio);*

3. *Os efeitos do complexo de Édipo sobre a estruturação do sujeito são descritos em termos de identificação: os investimentos nos pais são abandonados e substituídos por identificações. Uma vez destacada a fórmula generalizada do Édipo, Freud mostra que essas identificações formam uma estrutura complexa na medida em que o pai e a mãe são, cada um por sua vez, objeto de amor e rivalidade. Aliás, é provável que esta*

presença de uma ambivalência em relação ao objeto seja essencial à constituição de qualquer identificação" [20]

Assim, a fase oral com a incorporação - que proporciona a ideia de introjeção e de identificação - é apenas o começo de uma longa caminhada nas fases pré-genitais que desembocará no complexo de Édipo. Aliás, podemos até dizer - e isso ficará mais claro adiante - de que a fase oral é uma espécie de "primeiro tempo" do complexo de Édipo, sendo a fase anal seu "segundo tempo". Isso é visto muitas vezes na clínica onde uma fixação na "fase fálica" (quando acontece o complexo de Édipo) se apresenta com sinais de uma fixação nas fases oral e anal.

Veremos isso adiante. Por agora, tenha em mente, os seguintes dados da fase oral:

- A **idade** da fase oral: entre 0 a 2 anos
- A **zona** erógena correspondente: boca

---

[20] LAPLANCHE, J.; PONTALIS, J.-B. *Vocabulário de Psicanálise.* São Paulo: Martins, 1996, p. 226-228.

- As formas de "pensamento" vinculadas à zona erógena: a incorporação e a introjeção, promovendo identificação.

- Os **sinais adultos de "regressão"**: hábitos vinculados à boca e aos lábios, tais como beber, comer, fumar, beijar, sugar, chupar, lamber; Vínculos de carência afetiva e de compulsividade, medo de desamparo, não tolerar as frustrações.

A fase anal

Se formos em um vocabulário de Psicanálise, a fase anal também apresenta uma definição bem coesa:

"Para Freud, a segunda fase da evolução libidinal, que pode ser situada aproximadamente entre os dois e os quatro anos; [A fase anal] é caracterizada por uma organização da libido sob o primado da zona erógena anal; a relação de objeto está impregnada de significações ligadas à função de defecação (expulsão-retenção) e ao valor simbólico das fezes."[21]

Mas, tal como nos perguntamos durante a explicação da fase oral, qual é a história por trás dessa descoberta freudiana?

"Em "A disposição à neurose obsessiva" (1913), aparece pela primeira vez a noção de uma organização pré-genital (...); como na fase genital, existe uma relação com o

---

[21] LAPLANCHE, J.; PONTALIS, J.-B. *Vocabulário de Psicanálise*. São Paulo: Martins, 1996, p. 185.

objeto exterior (...) Nas remodelações posteriores de "Três ensaios sobre a teoria da sexualidade (1915 e 1924) a fase anal aparece como uma das organizações pré-genitais, situadas entre as organizações oral e fálica. É a primeira fase em que se constitui uma polaridade atividade-passividade."[22]

Assim, então, observamos que na fase anal há uma relação maior do ser humano com a realidade à sua volta, bem como uma relação de dupla mão que será o modo de relação posto pela "fase anal".

"A aquisição da linguagem; engatinhar e andar; curiosidade e exploração do mundo exterior; progressivo aprendizado do controle esfincteriano; controle da motricidade e prazer com a atividade muscular; ensaios de individuação e separação (por exemplo, comer sozinho, sem a ajuda de outros); o desenvolvimento da linguagem e comunicação verbal, com a simbolização da palavra; os

---

[22] LAPLANCHE, J.; PONTALIS, J.-B. *Vocabulário de Psicanálise.* São Paulo: Martins, 1996, p. 185-186.

brinquedos e brincadeiras; a aquisição da condição de dizer "não"."[23]

No entanto, como a fase oral é visível em uma criança qualquer?

"É nessa fase que a criança começa a estabelecer o controle de seus esfíncteres. Neste período as crianças começam a criar suas fantasias sobre o que produzem, ou seja, as fezes. Essa produção tem para ela um grande valor, porque são objetos que vem de dentro de seu corpo e que, de certa forma, fazem parte da criança, proporcionando prazer ao ser produzido. O autor esclarece que é de suma importância esta parte do corpo, pois as excitações dela provenientes perpetuam por toda a vida, por meio da excitabilidade genital. Neste período, as crianças, para tirar proveito da estimulação erógena da zona anal, retém as fezes, até que este acúmulo proporcione violentas cólicas e ao passar pelo ânus, ocorrera uma estimulação intensa na mucosa, dando-lhes sensações de alívio e prazer. [Nos diz Freud que] "um dos melhores presságios de excentricidade e

---

[23] ZIMERMAN, D. E. Fundamentos Psicanalíticos: Teoria, técnica e clínica. Porto Alegre: Artmed, 1999, p. 93.

nervosismo posteriores é a recusa obstinada do bebê a esvaziar o intestino ao ser posto no troninho, ou seja, quando isso é desejado pela pessoa que cuida dele, ficando essa função reservada para quando aprouver a ele próprio. Naturalmente, não é que lhe interesse sujar a cama; ele está apenas providenciando para que não lhe escape o dividendo de prazer que vem junto com a defecação". [24]

Nota-se que a "fase anal" possui inicialmente uma ação em sentido oposto à da "fase oral". Enquanto a "fase oral" possui uma lógica de "fora para dentro" (incorporação), a "fase anal" possui a lógica de "dentro para fora" (a excreção). No entanto, como aquilo que é produzido para ser excretado, de fato e de fantasia, é parte do ser humano (as fezes), há também uma lógica de retenção, de controle do prazer que a excreção, o ato de dentro para fora, pode proporcionar.

Assim, se na fase oral, o que estava em jogo era um vínculo de dependência e depois de autonomia em relação ao desejo, agora há, na fase anal, um jogo entre destruição

---

[24]COSTA, E.R.; OLIVEIRA, K. E. "A Sexualidade Segundo A Teoria Psicanalítica Freudiana E O Papel Dos Pais Neste Processo". *Itinerarius Reflectionis. vol 2, n. 11, 2011.*

e manutenção em relação ao objeto de desejo. Isso fez com que alguns psicanalistas dividissem, com a anuência de Freud, a fase anal em dois momentos:

"Em 1924, Karl Abraham propôs a diferenciação de dois estágios dentro da fase anal, distinguindo em cada um dos componentes dois tipos de comportamento opostos quanto ao objeto. No primeiro estágio, o erotismo anal está ligado à evacuação e a pulsão sádica à destruição do objeto; no segundo estágio, o erotismo anal está ligado à retenção e a pulsão sádica ao controle possessivo. Para Abraham, o acesso de um estágio a outro constitui um progresso decisivo em direção ao amor de objeto, como indicaria o fato de a linha de clivagem entre regressões neuróticas e psicóticas [a ideia de pacientes "borderline"] passar entre esses dois estágios"[25]

Assim, neste "segundo tempo" que nos leva ao Complexo de Édipo (e a fase fálica), há a ideia de ambivalência que não existia antes na fase oral. Assim como a fase oral não precisa necessariamente estar relacionada

---

[25] LAPLANCHE, J.; PONTALIS, J.-B. *Vocabulário de Psicanálise*. São Paulo: Martins, 1996, p. 186.

com a boca apenas mas com o modo de ação (podendo envolver respiração, visão e até audição), a fase anal não está relacionada apenas com o ânus, mas tudo que indica excreção e retenção, tal como a uretra. É possível pensar nessa ideia de expulsão/retenção no uso da boca em situações bulímicas.

- A **idade** da fase anal: Dois aos três, até quatro anos de idade

- A **zona** erógena correspondente: ânus e uretra

- As formas de "pensamento" vinculadas à zona erógena: a excreção/destruição e retenção/posse

- Os **sinais adultos de "regressão"**: Acumulações descabidas, desejo de controle, manipulações, ambivalência frente entre amor e ódio, bipolaridades, competitividade excessiva, neuroses de ordem obsessiva-compulsiva.

A fase fálica

Tal como fizemos nas fases anteriores, vamos ver a definição coesa da fase fálica em um vocabulário de Psicanálise:

"Fase de organização infantil da libido que vem depois das fases oral e anal e se caracteriza por uma unificação das pulsões parciais sob o primado dos órgãos genitais; mas o que já não será o caso na organização genital pubertária, a criança, de sexo masculino ou feminino, só conhece nesta fase um único órgão genital, o órgão masculino, e a oposição dos sexos é equivalente à oposição fálico-castrado. A fase fálica corresponde ao momento culminante e ao declínio do complexo de Édipo; o complexo de castração é aqui predominante."[26]

Mas, tal como nos perguntamos durante a explicação da fase oral, qual é a história por trás dessa descoberta freudiana?

---

[26] LAPLANCHE, J.; PONTALIS, J.-B. *Vocabulário de Psicanálise*. São Paulo: Martins, 1996, p. 178.

"A noção de fase fálica é tardia em Freud, pois só em 1923 (em "A organização genital infantil") aparece explicitamente. É preparada pela evolução das ideias de Freud a respeito dos modos sucessivos de organização da libido e pelos seus pontos de vista sobre o primado do falo, duas linhas de pensamento que distinguiremos para clareza de exposição:

1. *Quanto ao primeiro ponto, (...) quando Freud introduz a noção de fase fálica, reconhece a existência desde a infância de uma verdadeira organização da sexualidade, muito próxima daquela do adulto, "(...) mas que se diferencia num ponto essencial da organização definitiva por ocasião da maturidade sexual: ela conhece apenas uma única espécie de órgão genital, o órgão masculino;*

2. *Esta ideia de um primado do falo já está prefigurada em textos muito anteriores a 1923. Desde "Três ensaios sobre a teoria da sexualidade" (1905) encontramos duas teses: a) A libido é de "natureza masculina, tanto na*

mulher como no homem"; b) "A zona erógena diretriz na criança do sexo feminino é localizada no clítoris, que é o homólogo da zona genital masculina (glande)"

A análise do "Pequeno Hans", onde se delineia a noção do complexo de castração, põe em primeiro plano, para o menino, a alternativa: possuir um falo ou ser castrado. Por fim, o artigo "Sobre as teorias sexuais das crianças" (1908), embora considere, como nos "Três ensaios", a sexualidade do ponto de vista do menino, sublinha o interesse singular que a menina tem pelo pênis, a sua inveja deste e a sua sensação de ser lesada em relação ao menino." [27]

Apareceram aqui dois conceitos de interesse: o falo e a castração. O que seria isso para a Psicanálise? Vamos iniciar pela noção de falo:

"Na Antiguidade greco-latina, [o falo é a] representação figurada do órgão sexual masculino. Em psicanálise, o uso deste termo sublinha a função simbólica

---

[27] LAPLANCHE, J.; PONTALIS, J.-B. *Vocabulário de Psicanálise.* São Paulo: Martins, 1996, p. 178-179.

desempenhada pelo pênis na dialética intra e intersubjetiva, enquanto o termo "pênis" é sobretudo reservado para designar o órgão [em si].

(...)

Para Freud, o órgão masculino não é apenas uma realidade que poderíamos encontrar como referência última de toda uma série. A teoria do complexo de castração resulta em atribuir ao órgão masculino um papel prevalecente, desta vez como símbolo, na medida em que a sua ausência e a sua presença transforma uma diferença anatômica em critério principal de classificação dos seres humanos, e na medida em que, para cada sujeito, esta presença ou esta ausência não é evidente, não é redutível a um dado puro e simples, é, antes, o resultado problemático de um processo intra e intersubjetivo (assunção pelo sujeito de seu próprio sexo)

(...)

Na França, Jacques Lacan tentou recentrar a teoria psicanalítica em torno da noção de falo como "significante do desejo". O complexo de Édipo, do modo como ele o reformulou, consiste em uma dialética cujas principais alternativas são ser ou não ser o falo, tê-lo ou não o ter"."[28]

O que seria, então, este complexo de castração?

"Complexo centrado na fantasia de castração, que proporciona uma resposta ao enigma que a diferença anatômica dos sexos (presença ou ausência de pênis) coloca para a criança. Essa diferença é atribuída à amputação do pênis na menina. A estrutura e os efeitos do complexo de castração são diferentes no menino e na menina. O menino teme a castração como realização de uma ameaça paterna em resposta às suas atividades sexuais, surgindo daí uma intensa angústia de castração. Na menina, a ausência do pênis é sentida como um dano sofrido que ela procura negar, compensar ou reparar. O complexo de castração está em estreita relação com o complexo de Édipo e, mais especialmente, com a função interditória e normativa.

(...)

Mais tarde se atribuirá ao complexo de castração o seu lugar fundamental na evolução da sexualidade infantil

[28] LAPLANCHE, J.; PONTALIS, J.-B. *Vocabulário de Psicanálise*. São Paulo: Martins, 1996, p. 166-168.

dos dois sexos, a sua articulação com o complexo de Édipo será nitidamente formulada e a sua universalidade plenamente afirmada. Esta teorização é correlativa à identificação por Freud de uma fase fálica: nessa "fase da organização genital infantil existe um masculino, mas não existe feminino; a alternativa é: órgão genital macho ou castrado". A unidade do complexo de castração nos dois sexos só pode ser concebida com esta base comum: o objeto da castração (o falo) reveste-se nessa fase de uma importância igual para a menina e o menino; a questão colocada é a mesma: ter ou não ter falo.

(...)

O agente da castração é, para o menino, o pai, autoridade a que atribui em última análise todas as ameaças formuladas por outras pessoas. A situação não é tão nítida na menina, que se sente, talvez, mais privada de pênis pela mãe do que efetivamente castrada pelo pai [o conceito psicanalítico de inveja do pênis]. Em relação ao complexo de Édipo, o complexo de castração situa-se diferentemente nos dois sexos. Abre para a menina a busca que a leva a desejar o pênis paterno, constituindo, pois, o momento de entrada no Édipo. No menino, marca, pelo contrário, a crise terminal do Édipo, vindo interditar à *criança o objeto materno; a angústia de castração inaugura para ele o período de latência".* [29]

É importante ressaltar que todas essas relações que envolvem o processo posto pelo complexo de castração (e do próprio complexo de Édipo) ocorrem em um processo intersubjetivo, intrapsíquico e, majoritariamente, inconsciente. É algo da lógica da fantasia e de vetores de relações subjetivas.

"[É na] categoria das fantasias originárias onde Freud situa o ato de castração. As duas palavras têm aqui um valor de indicadores: "fantasia" porque, para produzir os seus efeitos, a castração não precisa ser efetuada nem sequer precisa ser objeto de uma formulação explícita por parte dos pais; "originária" - embora a angústia, aparecendo apenas na fase fálica, esteja longe de ser a primeira na série (...) [vemos] que a castração é uma das faces do complexo das relações interpessoais onde se origina, se estrutura e se especifica o desejo sexual do ser humano.

---

[29] LAPLANCHE, J.; PONTALIS, J.-B. *Vocabulário de Psicanálise*. São Paulo: Martins, 1996, p. 73-74.

(...)

Precisamente por ser a condição a priori que regula a troca inter-humana como troca de objetos sexuais é que o complexo de castração pode apresentar-se na experiência concreta sob diversas facetas (...), tal como as que Stärcke indica e em que se combinam os termos sujeito e outro, perder e receber:

1. *Eu sou castrado (sexualmente privado de), eu serei castrado.*

2. *Eu receberei (desejo receber) um pênis.*

3. *Outra pessoa é castrada, deve ser (será) castrada.*

4. *Outra pessoa receberá um pênis (tem um pênis)."*[30]

Então, após percorrermos as definições psicanalíticas de falo e de castração, fica claro que o grande protagonista da fase fálica, de acordo com a teoria Psicanalítica, é o Complexo de Édipo. No entanto, antes de abordar isso, é interessante nos perguntarmos como a fase fálica é visível em uma criança qualquer.

---

[30] LAPLANCHE, J.; PONTALIS, J.-B. *Vocabulário de Psicanálise*. São Paulo: Martins, 1996, p. 75-76.

"A criança é desprovida de vergonha e apresenta uma satisfação em se despir, principalmente as partes sexuais. E é nesse período que surge a curiosidade por ver os órgãos genitais de seus pares. Sobre o entusiasmo da sedução, o desejo de ver passa a apresentar grande importância na vida sexual da criança. Nesta fase, as crianças começam a perceber as diferenças em termos de gênero: masculino e feminino.

O recém nascido traz consigo traços sexuais que se desenvolvem por certo tempo, mas logo sofre uma supressão progressiva que pode ser justificada pelo desenvolvimento sexual ou por características individuais. Não se pode afirmar o período certo em que ocorre essa supressão sexual, mas por volta dos três ou quatro anos a criança costuma expressar de forma clara sua sexualidade. De três a cinco anos, se pode observar o quanto a sexualidade está presente na criança e é devido a este período que se inicia a atividade da busca do saber ou de investigar. (...)

O fator da existência de dois sexos é inicialmente aceito pela criança sem nenhum desconforto. Mas, no decorrer das suas investigações, é comum encontrar *meninos que presumem que as genitálias são todas iguais às suas e que é impossível imaginar a falta dela nas outras pessoas.*

Esta convicção, obstinadamente defendida, acaba por levá-los a observação, que somente será abandonada após sérias lutas internas. Essa ideia de que todos os seres humanos possuem genitálias idênticas às suas é a primeira teoria sexual que a criança consegue formar.

Nas meninas não ocorre este sentimento de incredulidade ao verificar a diferença de seus órgãos genitais em relação ao dos meninos, mas acabam sendo tomadas por uma espécie de inveja ou de um sentimento de inferioridade, pois em alguns casos elas podem se sentir como que castradas por algum tipo de castigo.

Outro fator que a leva a reflexão é sua curiosidade pela forma que os bebês nascem. São diversas as conclusões, chegando a acreditar que todas as pessoas, homens ou mulheres, possam gerar uma criança em seu ventre, e que isso pode ter acontecido devido à ingestão de algum tipo de alimento. (...) Algumas crianças também trazem consigo a curiosidade de descobrir em que consiste a relação sexual, ou seja, em que consiste ser casado e acabam por relacionar a solução deste mistério a alguma atividade voltada às funções de micção ou defecação." [31]

Como tudo isso que falamos sobre a fase fálica seria esquematizado em teoria psicanalítica?

"Esquematicamente, podemos caracterizar assim a fase fálica, segundo Freud:

1. *Do ponto de vista genético, o "par de opostos" atividade-passividade que predomina na fase anal transforma-se no par fálico-castrado; só na puberdade se edifica a oposição masculinidade-feminidade.*

2. *Relativamente ao complexo de Édipo, a existência de uma fase fálica tem um papel essencial: com efeito, o declínio do Édipo (no caso do menino) é condicionado pela ameaça de castração, e este deve a sua eficácia, por um lado, ao interesse narcísico que o menino tem pelo seu próprio pênis e, por outro, à*

---

[31]COSTA, E.R.; OLIVEIRA, K. E. "A Sexualidade Segundo A Teoria Psicanalítica Freudiana E O Papel Dos Pais Neste Processo". *Itinerarius Reflectionis. vol 2, n. 11, 2011.*

descoberta da ausência de pênis por parte da menina (Complexo de Castração).

3. *Existe uma organização fálica na menina. A verificação da diferença entre os sexos suscita uma inveja do pênis; esta acarreta, do ponto de vista da relação com os pais, um ressentimento para com a mãe, que não deu o pênis, e a escolha do pai como objeto de amor, na medida em que ele pode dar o pênis ou o seu equivalente simbólico, o filho."[32]

Dessa forma, estamos prontos para adentrarmos no mundo do Complexo de Édipo. No entanto, antes, tenha em mente, os seguintes dados da fase fálica:

- A **idade** da fase fálica: a partir dos três, quatro anos, indo até os cinco ou seis anos

- A **zona** erógena correspondente: o falo (simbolização peniana/clitoriana)

---

[32] LAPLANCHE, J.; PONTALIS, J.-B. *Vocabulário de Psicanálise*. São Paulo: Martins, 1996, p. 179.

- As formas de "pensamento" vinculadas à zona erógena: vinculados à ideia de castração (angústia e inveja)

- Os **sinais adultos de "regressão"**: um narcisismo exacerbado. Há também sinais que parecem de fixação nas fases anteriores (oral e/ou anal) que na verdade são situações edipianas mal-resolvidas na fase fálica.

O Complexo de Édipo

Para muitos psicanalistas - e com a devida razão -, mais do que o inconsciente, o Complexo de Édipo é o principal conceito cunhado por Sigmund Freud, com impactos no desenvolvimento metapsicológico da Psicanálise, bem como de diversos campos do saber.

"[Complexo de Édipo] é o conjunto organizado de desejos amorosos e hostis que a criança sente em relação aos pais. Sob a sua forma dita positiva, o complexo apresenta-se como na história do Édipo-Rei [peça de teatro da Grécia Antiga, de autoria de Sófocles]: desejo da morte do rival que é a personagem do mesmo sexo e desejo sexual pela personagem do sexo oposto. Sob a sua forma negativa, apresenta-se de modo inverso: o amor pelo progenitor do mesmo sexo e ódio ciumento ao progenitor do sexo oposto. Na realidade, essas duas formas encontram-se em graus diversos na chamada forma completa do complexo de Édipo.

Segundo Freud, o apogeu do complexo de Édipo é vivido entre os três e os cinco anos durante a fase fálica; o seu declínio marca a entrada no período de latência. É revivido na puberdade e superado com maior ou menor êxito num tipo especial de escolha de objeto.

O complexo de Édipo desempenha papel fundamental na estruturação da personalidade e na orientação do desejo humano.

Para os psicanalistas, ele é o principal eixo de referência da psicopatologia; para cada tipo patológico eles procuram determinar as formas particulares da sua posição e da sua solução". [33]

Mas o que significa tudo isso? Vamos entender isso passo-a-passo.

No entanto, nos parece necessário dar algumas informações que vão para além da Psicanálise para que a compreensão deste conceito seja plena.

Assim, primeiro, quem foi Édipo? Qual é a sua história? Que peça de teatro é essa? Por que Freud a escolheu?

"Tragédia grega escrita por Sófocles em 427 a.C., a peça Édipo Rei foi considerada pelo filósofo Aristóteles como

---

[33] LAPLANCHE, J.; PONTALIS, J.-B. *Vocabulário de Psicanálise.* São Paulo: Martins, 1996, p. 77.

o exemplo mais perfeito do gênero. (...) Resumidamente, a história da obra é sobre a tragédia de um homem que tem seu destino traçado pelos deuses. Devido a esta maldição, ele mata o pai e se casa com a mãe.

Édipo governa uma cidade que está sendo dizimada por uma praga. Após receber pedidos de ajuda da população, envia Creonte, seu cunhado, para consultar o Oráculo de Apolo/Delfos. A resposta que recebe é que o homem responsável pela morte de Laio, rei anterior a Édipo, vive entre eles e deve ser morto para findar o terror.

Tirésias, um ancião adivinho, acusa Édipo pela morte de Laico, pois existia uma profecia na qual Édipo assassinaria seu pai para casar com sua mãe. Neste momento, um mensageiro revela que Édipo tem pais adotivos. Então ele descobre que é filho de sua esposa Jocasta e que matou Laio, seu pai, em uma de suas viagens.

Édipo Rei faz parte de um conjunto de obras que apresenta os seguintes títulos: Édipo em Colono e Antígona. A maior parte do livro é sobre a família de Édipo, com a descrição de mais de 8 mil anos de eventos. Toda a ação da primeira parte da peça é guiada após a descoberta da realização da profecia em que Édipo matará seu pai para desposar sua mãe.

A obra de Sófocles influenciou o campo da psicanálise através de Freud, que tornou Édipo Rei uma das colunas da psicanálise clássica. Com base na tragédia grega, o psicanalista definiu o Complexo de Édipo, que ocorre quando as crianças atingem, durante a segunda infância, o período fálico e percebem a diferença entre os sexos, tendendo a fixar a libido em pessoas do sexo contrário, geralmente as mais próximas, no ambiente familiar. A ligação da teoria de Freud com a obra remete a uma carta que ele enviou para Wilhelm Fliess, médico alemão, na qual discorre sobre as relações de saber e poder em um drama construído por filho, pai e mãe."[34]

O complexo de Édipo foi teorizado antes das ideias freudianas sobre o desenvolvimento psicossexual. Apesar de sua nomeação acontecer apenas em 1910, ele está não só nas cartas a Fliess, seu amigo dos tempos dos estudos sobre a histeria com Breuer no final dos anos 1890, mas também na *Interpretação dos Sonhos*, escrito cinco anos antes dos *Três Ensaios sobre Sexualidade* que iniciaria o processo de compreensão sobre as fases libidinais. Assim,

---

[34] Resenha disponível no Infoescola:
https://www.infoescola.com/teatro/edipo-rei/

logo no livro fundante da Psicanálise, Freud já indica o papel central que o complexo de Édipo teria nas neuroses e outras dores psíquicas, usando sua relação com a peça de teatro *Hamlet*, do grande dramaturgo inglês, William Shakespeare.

"Outra grande tragédia, o Hamlet de Shakespeare, tem suas raízes no mesmo solo que o Édipo rei. No processamento alterado da matéria, porém, revela-se toda a diferença na vida psíquica dos dois períodos culturais, tão distantes um do outro, o avanço secular da repressão na vida afetiva da humanidade. Em Édipo, a fantasia de desejos subjacente na imaginação da criança é trazida à luz e realizada como que num sonho; em Hamlet, ela permanece reprimida, e ficamos sabendo de sua existência - semelhante ao estado de coisas numa neurose - apenas por meio dos efeitos de inibição que dela partem. (...) Hamlet pode fazer qualquer coisa, menos se vingar daquele homem que afastou seu pai e ocupou seu lugar ao lado de sua mãe, daquele homem que lhe mostra a realização de seus desejos reprimidos da infância. A repugnância que deveria impeli-lo à vingança é substituída por remorsos, por escrúpulos da

consciência, que o acusam, num sentido literal, de não ser melhor que o pecador que deve ser punido."[35]

Muito já foi dito sobre o Complexo de Édipo. No entanto, como o observamos em qualquer criança? Vamos iniciar nas crianças humanas de sexo masculino.

"O fato de que as crianças sejam capazes de ter sentimentos amorosos em relação a seus pais não constitui motivo de espanto para nós, pois já sabemos que as crianças têm vida sexual e o seu sexo não se manifesta de forma genital. Freud afirma, além disso, que o Complexo de Édipo não só é normal, como inclusive ele aparece e desaparece normalmente durante a infância. Com o simples passar do tempo, o complexo vai se dissolvendo e surge em seu lugar um perfeito equilíbrio nas relações entre pais e filhos. Quando a evolução é normal, as coisas se passam mais ou menos da seguinte forma:

1. *O menino se liga à sua mãe através dos cuidados, as atenções e os carinhos maternais. Com o tempo ele passa a querer*

---

[35] FREUD, S. "A Interpretação dos Sonhos In: Obras Completas vol. 4 (1900). São Paulo: Cia das Letras, 2019, p. 305-306.

2. *sua mãe só para si: deseja possuí-la totalmente.*

2. *Pouco a pouco, ele descobre a importância do pai. Percebe que não é só ele que a ama sua mãe. O pai também a ama e por isso torna-se seu rival.*

3. *O menino deseja casar com sua mãe, deseja possuí-la completamente só para si, sem interferência do pai.*

4. *(...) O menino deseja eliminar aquele rival importuno. Luta para conseguir isso, mas (...) não pode vencer o pai pois este é muito mais poderoso que ele."*[36]

É neste momento de notar o quanto o pai é "poderoso" que opera o complexo de castração. De um lado, ele nota que, caso ele "perca", o pai pode desprovê-lo do falo, que ambos possuem. De outro lado, ele nota que há um certo desejo vindo deste falo e que ele quer mantê-lo (narcisismo). É a partir dessa resolução que o menino parte para a fase de "latência".

---

[36] ESTEVAM, C. *Freud: vida e Obra*. Rio de Janeiro: José Alvaro, 1965, p. 95.

E as meninas? Ora, o funcionamento da fase fálica e do complexo de castração no sexo feminino ocorre de maneira "espelhada" ou "invertida" conforme mencionamos no capítulo anterior. Para os proponentes de que é algo "espelhado", a ideia, ao invés de chamar de "Complexo de Édipo" seria chamar essa fase de "Complexo de Electra", uma ideia de Jung quando ainda fazia parte do círculo de colaboração psicanalítica com Freud.

"[Complexo de Electra é a] expressão utilizada por Jung como sinônimo do complexo de Édipo feminino, para marcar a existência nos dois sexos (...) de uma simetria da atitude para com os pais. Em "Ensaio de exposição da teoria psicanalítica" (1913) Jung introduz a expressão "complexo de Electra". Freud declara de início não ver o interesse de tal denominação (...) [sendo] categórico: o Édipo feminino não é simétrico ao do menino."[37]

Freud não acredita nessa simetria do espelhamento pois, para ele, o complexo de castração inicia o Édipo feminino, sendo um caminhar "invertido", não espelhado.

---

[37] LAPLANCHE, J.; PONTALIS, J.-B. *Vocabulário de Psicanálise*. São Paulo: Martins, 1996, p. 81-82.

Assim, o pai não teria essa função de "interdito" pela castração na menina, mas sim a própria mãe. Isso fica ressaltado pelo conceito, já mencionado, de "inveja do pênis".

"A inveja do pênis nasce da descoberta da diferença anatômica entre os sexos: a menina sente-se lesada com relação ao menino e deseja possuir um pênis como ele (complexo de castração); depois, esta inveja do pênis, assume, no decorrer do Édipo, duas formas derivadas: desejo de adquirir um pênis dentro de si (principalmente sob a forma de desejo de ter um filho) e desejo de fruir o pênis no coito.

(...)

Em "As transposições da pulsão e especialmente do erotismo anal", Freud já não designa por "inveja do pênis" apenas o desejo feminino de ter um pênis como o menino (...) A concepção freudiana da sexualidade feminina confere um lugar essencial à inveja do pênis na evolução psicossexual para a feminilidade, que supõe uma mudança de zona erógena (do clítoris para a vagina) e uma mudança de objeto (o apego pré-edipiano à mãe dá lugar ao amor edipiano ao pai). Nesta mudança, são o complexo de castração e a inveja do pênis que desempenha, a diversos níveis, um papel de articulação:

a) *Ressentimento para com a mãe, que não muniu a filha de pênis;*

b) *Depreciação da mãe, que aparece assim como castrada;*

c) *Renúncia à atividade fálica (masturbação clitóirica) com predomínio da passividade;*

d) *Equivalência simbólica entre o pênis e a criança.*

[Nos diz Freud que] "o desejo com que a menina se volta para o pai é indubitavelmente, na sua origem, o desejo do pênis que a mãe lhe recusou e que ela espera agora obter do pai. Todavia, a situação feminina só se estabelece quando a criança, segundo a velha equivalência simbólica, toma o lugar do pênis." "[38]

Essa visão freudiana que não admite um espelhamento de funções edipianas na criança do sexo feminino foi uma das questões não só da saída de Jung da Psicanálise, mas também da reformulação dela em um

---

[38] LAPLANCHE, J.; PONTALIS, J.-B. *Vocabulário de Psicanálise*. São Paulo: Martins, 1996, p. 81-82.

cenário inglês com Melanie Klein e seus seguidores (Bion, Winnicott). Para Klein e a tradição inglesa da Psicanálise, esse falocentrismo que poderia caracterizar uma misoginia na teoria freudiana é colocado de lado pela constituição do Édipo com uma ênfase maior na questão do "seio", algo usufruído por ambos os sexos quando bebês e igualmente retirado ("castrado") tanto de meninos como de meninas. Assim, antes de prosseguirmos para as duas últimas fases do desenvolvimento psicossexual segundo Freud (latência e fase genital), vamos sistematizar na teoria psicanalítica a importância do Complexo de Édipo.

"A predominância do complexo de Édipo, tal como Freud sempre a sustentou - recusando-se a colocar no mesmo plano, do ponto de vista estrutural e etiológico, as relações edipianas e pré-edipianas -, é comprovada nas funções fundamentais que ele lhe atribui:

a) a escolha do objeto de amor, na medida em que este, depois da puberdade, permanece marcado pelos investimentos de objeto e identificações inerentes ao complexo de Édipo e, também, pela interdição de realizar o incesto;

b) *acesso à genitalidade, na medida em que este não é garantido pela simples maturação biológica. A organização genital supõe a instauração do primado do falo, e dificilmente se pode considerar instaurado este primado sem que a crise edipiana esteja resolvida pela via da identificação;*

c) *efeitos sobre a estruturação da personalidade, sobre a constituição das diferentes instâncias, especialmente as do superego e do ideal do ego [vindas da Segunda Tópica].*

Para Freud, este papel estruturante na gênese da tópica intrapessoal está ligado ao declínio do complexo de Édipo e à entrada no período de latência. (...) Essa concepção estrutural do Édipo (...) faz da interdição do incesto a lei universal e mínima para que uma "cultura" se diferencie da "natureza"."[39]

Será exatamente este papel de inserção na cultura que marcará a fase após a fase fálica onde o complexo de Édipo reside. Estamos falando da latência.

---

[39] LAPLANCHE, J.; PONTALIS, J.-B. *Vocabulário de Psicanálise*. São Paulo: Martins, 1996, p. 79-80.

A latência

A ideia da latência é marcada exatamente pela lógica posta no fim do setor anterior. Com o fim do funcionamento do complexo de Édipo na fase fálica, impedindo a realização do desejo, há uma fase no desenvolvimento da criança que ela se afasta do foco nas pulsões sexuais e vai entrando em outros interesses, ampliando sua inserção no mundo da cultura humana. Esse impedimento do desejo, chamado psicanaliticamente de "tabu do incesto", é uma porta de entrada no mundo social e cultural, fazendo que o ser humano não pense apenas na sobrevivência e desejo (libido) tal como os demais animais.

"[Há] o caráter fundamental que o complexo de Édipo tem para Freud, verificado particularmente na hipótese, aventada em "Totem e Tabu" (1912), do assassinato do pai primitivo como momento original da humanidade. Discutível do ponto de vista histórico, essa hipótese deve ser entendida principalmente como um mito que traduz a exigência imposta a todo ser humano de ser um "rebento de Édipo". O complexo de Édipo não é redutível a uma situação real, à influência efetivamente exercida sobre

a criança pelo casal parental. A sua eficácia vem do fato de fazer intervir uma instância interditória (proibição do incesto) que barra o acesso à satisfação naturalmente procurada e que liga inseparavelmente o desejo _a lei (ponto que Jacques Lacan acentuou) (...) Essa concepção estrutural do Édipo (...) faz da interdição do incesto a lei universal e mínima para que uma "cultura" se diferencie da "natureza""[40].

Assim, o ser humano entra na latência, estágio do desenvolvimento psicossexual essencialmente cultural, onde os contornos da libido são muito apaziguados.

"[Latência é o] período que vai do declínio da sexualidade infantil (aos cinco ou seis anos) até o início da puberdade, e que marca uma pausa na evolução da sexualidade. Observa-se nele, deste ponto de vista, uma diminuição das atividades sexuais, a dessexualização das relações de objeto e do sentimentos (e, especialmente, a predominância da ternura sobre os desejos sexuais), o aparecimento de sentimentos como o pudor ou a

---

[40] LAPLANCHE, J.; PONTALIS, J.-B. *Vocabulário de Psicanálise.* São Paulo: Martins, 1996, p. 79-80.

repugnância e de aspirações morais e estéticas. Segundo a teoria psicanalítica, o período de latência tem origem no declínio do complexo de Édipo; corresponde a uma intensificação do recalque - que tem como efeito uma amnésia que cobre os primeiros anos.

(...)

As formações sociais, conjugando sua ação com a do superego, vêm reforçar a latência sexual: esta só pode provocar uma completa interrupção da vida sexual nas organizações culturais que inscreveram no seu programa uma repressão da sexualidade infantil.

(...)

Note-se que Freud fala de período de latência, e não de fase, o que deve ser entendido do seguinte modo: durante o período considerado, embora possamos observar manifestações sexuais, não há, a rigor, uma nova organização da sexualidade."[41]

Assim, durante a latência, é quando o ser humano entra em contato com a sublimação, uma lógica que o

---

[41] LAPLANCHE, J.; PONTALIS, J.-B. *Vocabulário de Psicanálise*. São Paulo: Martins, 1996, p. 263-264.

acompanhará (tanto para o funcionamento sadio da mente, como para as dores psíquicas) ao longo de sua vida.

"[Sublimação é o] processo postulado por Freud para explicar atividades humanas sem qualquer relação aparente com a sexualidade, mas que encontrariam o seu elemento propulsor na força da pulsão sexual. Freud descreveu como atividades de sublimação principalmente a atividade artística e a investigação intelectual. Diz-se que a pulsão é sublimada na medida em que é derivada para um novo objetivo não sexual e em que visa objetos socialmente valorizados.

(...)

As formulações freudianas a respeito da sublimação nunca foram levadas muito longe. O campo das atividades sublimadas está mal delimitado: por exemplo, deverá incluir-se nele o conjunto do trabalho do pensamento ou apenas certas formas de criação intelectual? O fato de as atividades chamadas sublimadas serem, numa determinada cultura, objeto de uma valorização social especial deverá ser considerado uma característica primordial da sublimação? Ou esta englobará também o conjunto das chamadas atividades adaptativas?

(...)

Na literatura psicanalítica recorre-se frequentemente ao conceito de sublimação; é efetivamente o índice de uma exigência da doutrina, e é difícil imaginar como poderia ser dispensado. A ausência de uma teoria coerente da sublimação permanece sendo uma das lacunas do pensamento psicanalítico."[42]

Algumas correntes - tal como a lacaniana - tentaram dar uma teorização maior para a sublimação, mas sempre como índice à construção social e cultural que, por vezes, pode representar um estágio regressional.

"A crítica a uma certa visada do conceito de sublimação tem ganhado cada vez mais força na reflexão psicanalítica contemporânea, de modo que não é à toa que no Brasil estejam pululando textos recentes que investem neste aspecto de fundamental importância na revisão da teoria (inacabada, é sempre bom lembrar); é, com efeito, salutar esse movimento porque o tom um tanto idealizado do conceito, que surgiu no seio do dualismo pulsional e é

---

[42] LAPLANCHE, J.; PONTALIS, J.-B. *Vocabulário de Psicanálise.* São Paulo: Martins, 1996, p. 494-496.

acusado por estas leituras, pode mesmo ser verificado no próprio Freud. Parece-me, ademais, que essa nuança pode ser associada especialmente ao caráter social que seria exigido do que vem a ser o produto da sublimação, visão com a qual Freud flertou por diversas vezes e que Metzger não deixou de cutucar. Assim, "sublimar não estaria no lado da adaptação" mas da criação, evidentemente, e que pode ser inclusive partilhada. Mas não só: recuperando a teorização de Lacan, a autora [Metzger] propõe que "o objeto da sublimação precisa ser um objeto comum que evidencie algo do vazio de das Ding", condição sine qua non para a elevação do objeto. O que permite recuperar, também em Lacan, as diferentes maneiras de fazê-lo, ou seja, evidenciá-lo, uma vez que "nenhum objeto pode ser das Ding, ocupar seu lugar, mas apenas tangenciá-lo, aludi-lo". Cada uma dessas modalidades se aproxima da incidência da negação da Coisa ou de uma "castração dela decorrente" cujo resultado será histeria, neurose obsessiva ou paranóia, sendo que cada uma delas se articula, respectivamente, à arte, à religião e à ciência."[43]

---

[43] DIONISIO, G. H. "Resenha | A sublimação no ensino de Jacques Lacan: um tratamento possível do gozo (Metzger, 2017)" *Revista Lacuna* nº 5, 4 de junho de 2018.

De fato, o que é notado na vida da criança, especialmente sendo a latência coincidente com a entrada no mundo escolar, é o papel que a escola possui nesse processo de sublimação. A escola é tanto a porta de entrada no convívio social, bem como uma forma de desvio de foco das atenções libidinais no triângulo edipiano criança-mãe-pai.

"Freud (ao descrever o período de latência, compara esta repressão da energia sexual a diques. Afirma que "durante esse período de latência total ou parcial erigem-se as forças anímicas que, mais tarde, surgirão como entraves no caminho da pulsão sexual e estreitarão seu curso em forma de diques".

Nesta fase se percebe que a educação é uma das responsáveis por esses diques. Pois é nesta fase que a energia sexual, às vezes total, mas em alguns casos parcial, é desviada para outros fins. Estudos afirmam que o desvio das forças pulsionais sexuais, denominado de sublimação, torna-se componente para as realizações culturais. Mas às vezes, manifestam-se situações sexuais que não foram totalmente sublimadas ou em alguns casos se preservam certas atividades sexuais ao longo do período de latência até a puberdade." [44]

Assim, a latência se torna um estágio preparatório para a fase genital propriamente dita. Mesmo não sendo, segundo os escritos do próprio Freud, uma fase psicossexual propriamente dita, vamos esquematizar os seguintes dados da latência:

- A **idade** da latência: A partir dos 6 anos até a puberdade (que pode ser precoce aos 8-9 anos ou tardia na ausência de sinais aos 14 anos)

- A **zona** erógena correspondente: desmobilização de zonas erógenas

- As formas de "pensamento" vinculadas à zona erógena: sublimação

- Os **sinais adultos de "regressão"**: A literatura psicanalítica tradicionalmente não considera uma regressão à latência possível por causa da desmobilização libidinal. Algumas vertentes

---

[44]COSTA, E.R.; OLIVEIRA, K. E. "A Sexualidade Segundo A Teoria Psicanalítica Freudiana E O Papel Dos Pais Neste Processo". *Itinerarius Reflectionis. vol 2, n. 11, 2011.*

lacanianas consideram a inserção excessiva em saberes socioculturais do humano (tais como a arte, religião e ciência, sendo cada uma com o seu "fanatismo") como uma forma regressional e causadora de dores psíquicas.

A fase genital

É chegada a hora de falarmos da última fase do desenvolvimento psicossexual do humano de acordo com Sigmund Freud: a fase genital. Para muitos, inclusive, ela é uma retomada da fase fálica, quebrada pelo declínio do complexo de Édipo e entrada na latência.

"[Fase genital é a] fase do desenvolvimento psicossexual caracterizada pela organização das pulsões parciais sob o primado das zonas genitais; compreende dois momentos, separado pelo período de latência: a fase fálica (ou organização genital infantil) e a organização genital propriamente dita que se institui na puberdade. (...) [Assim a fase] fálica, antes do período de latência [possui~] uma única diferença relativamente à organização genital pós-pubertária: de que para os dois sexos só um órgão genital que conta: o falo."[45]

---

[45] LAPLANCHE, J.; PONTALIS, J.-B. *Vocabulário de Psicanálise*. São Paulo: Martins, 1996, p. 180-181.

Assim, na fase genital, se encerra o primado do falo, encontrando o ser humano a maturidade em reconhecer tanto a genitália masculina como a genitália feminina. É uma fase considerada de maturidade do processo psicossexual, a porta de entrada para aquilo que levará o ser humano a se tornar adulto: a adolescência.

No entanto, o que antes significava apenas uma transição para ser tornar "maduro", hoje em dia possui outros contornos que são notados pelos psicanalistas.

"Falar de adolescência na contemporaneidade exige alguns desafios bem instigantes ao psicanalista. O principal deles talvez seja pensar qual a leitura psicanalítica possível da adolescência, já que o objeto de estudo e tratamento da psicanálise é o sujeito do inconsciente, apresentado desde cedo por Freud como um sujeito sem idades.

(...)

Na obra de Freud encontramos uma predileção pelo uso do termo puberdade e quase nenhuma referência à adolescência. Mas antes de abordarmos a distinção e a relação entre puberdade e adolescência, é preciso inicialmente definir o que a psicanálise tenta abarcar com esses termos, pois é incompatível com a ideia freudiana propormos que esses nomes deem conta de um período do desenvolvimento humano que cessa com a chegada da vida adulta. Por várias vezes, Freud demonstrou que o inconsciente não pode ser apreendido em termos de idade cronológica.

Desde seus estudos sobre o sonho até o final de sua obra, Freud não cansou de comparar o inconsciente com o funcionamento do psiquismo infantil ou dos povos primitivos. Isso demonstra que, mesmo quando Freud fala de uma fase do desenvolvimento humano, qualquer que seja ela, ele não está se referindo a um acontecimento natural com previsão para concluir. Pelo contrário, o que Freud sempre ressaltou foi que uma das principais dificuldades do aparelho psíquico é abandonar um modelo de funcionamento em benefício de outro. Isso indica que sempre há um resto insuperável no psiquismo humano que não passa com o avançar dos anos. Um resto de infância, sim, mas, por que não dizer também, um resto de adolescência?

Isso faz vacilar o sentido da idade cronológica em psicanálise. Um adulto pode ter os mesmos medos que uma criança e, ao atender um idoso, o psicanalista pode encontrar as mesmas fantasias que o sujeito tinha em sua *adolescência. Nesse sentido, o sujeito, tal como apreendido na psicanálise, não tem idades.* "[46]

Assim, nota-se atualmente, que há possibilidades de ver uma fixação na fase genital não como o "resultado normal" do desenvolvimento psicossexual, mas também como uma forma de regressão, especialmente aos primeiros momentos da fase genital, onde o "eterno adolescente" se coloca como uma forma de recusa ao amadurecimento psíquico.

Para muitos isso descreve um dos desafios que a Psicanálise possui para o século XXI.

"Adolescer na contemporaneidade é adolescer sem a ideologia clamada por Cazuza em 1988. É adolescer diante de uma crise generalizada da figura paterna, é adolescer com a difícil tarefa de inscrever seu desejo no campo de um Outro cada vez mais falho. Isso implica mudanças na clínica psicanalítica desses jovens. Tornam-se cada vez mais comuns adolescentes que mantêm uma relação autista diante de seus aparelhos eletrônicos, ou que buscam um

---

[46] OLIVEIRA,H. M.; HANKE, B. C. "Adolescer na Contemporaneidade: uma crise dentro da crise". *Ágora,* v. XX n. 2, mai/ago 2017, p. 296-298

gozo que supostamente prescinda do outro, como na toxicomania, ou ainda uma recusa absoluta diante da demanda do Outro para que ele coma, como nos casos de anorexia. Cabe à psicanálise se reinventar diante desses casos e fazer o que Freud sempre fez muito bem: aprender com os sintomas de sua época para deles elaborar sua prática e teoria, fazendo coincidir pesquisa e tratamento. É o convite e o desafio que os adolescentes de hoje nos encaminham."[47]

E, devemos admitir que, por vezes, são exatamente esses problemas que nos defrontamos na clínica psicanalítica atual quando trabalhamos com jovens, conceito esse inclusive que hoje parece superar a barreira dos 30 anos de idade.

"Vemos, na clínica, uma extensão da seguinte problemática: infâncias interrompidas prematuramente, antes mesmo de qualquer assunção corporal efetiva, adolescências completamente antecipadas, acompanhadas de todas as crises a que se tem direito. Não bastasse, as

---

[47] OLIVEIRA,H. M.; HANKE, B. C. "Adolescer na Contemporaneidade: uma crise dentro da crise". *Ágora*, v. XX n. 2, mai/ago 2017, p. 308

adolescências também, por sua vez, se prolongam, se estendem infindáveis. São sujeitos que cada vez mais tardiamente se deparam de forma verdadeira com as questões que circulam em torno do que Freud conceituou como conflito psíquico: estão em suspensão, evitam os confrontos com as diferenças de gerações, por exemplo. Não descolam de seus pais, seja por manter com estes uma relação de dependência, acomodação, seja, ao contrário, por portarem uma postura de revolta e rebeldia (o que clinicamente parece dar no mesmo, tratando-se, em ambos os casos, de uma dificuldade de poder agir em nome próprio).

Em outros casos, observamos que o adolescente supõe poder agir em nome próprio, mas na condição de prescindir do pai, abrir mão dele. Ele presume que as atitudes que viriam a confirmar seu lugar no mundo dependem de que ele o dispense. É comum escutarmos um adolescente dizer que quer realizar seus empreendimentos de forma distinta de seus pais, de que é somente desta maneira que alguma individualidade lhe seria garantida.

Um trabalho de escuta que realizo numa escola de classe média do Rio de Janeiro me permite dizer que, por ocasião do vestibular e, diante da escolha de uma carreira a ser seguida, o adolescente encontra muitas dificuldades por duvidar sobre dever fazer exatamente aquilo que seus pais desejam que ele faça. Situado assim, ele imagina que tudo aquilo que possa lhe conferir autenticidade, estatuto de singularidade, só viria a se consagrar a partir de uma ruptura com os ideais do pai. É neste momento que notamos circular entre eles uma proliferação de diários, correspondências secretas (endereçadas a todos, menos aos pais), esconderijos; bem como atos silenciosos, mentiras e reclusões. Se, por um lado, isto não deixa de ser um efeito da queda imaginária sofrida em relação aos pais, concernente à crise, por outro lado, recoloca em jogo a dimensão idealizada, ali presente. É como se, nesta posição, o sujeito supusesse que é preciso "não se servir" do pai, como se almejasse, de alguma forma, prescindir dele para afirmar sua existência.

O que estes fatos clínicos ilustram é que o sujeito se encontra às voltas com a questão de como ele irá se servir do pai. Então, não se trataria, nesta crise da adolescência, tal como para o sujeito submetido ao trabalho analítico, de poder "servir-se" do pai para, aí sim, "dispensá-lo"? Não estaríamos nós confrontados, nos dias de hoje, com adolescências cada vez mais prolongadas e confusas, justamente devido a uma dificuldade do sujeito em lidar com este postulado, devido a uma inversão realizada sobre este "servir-se do pai"?"[48]

Para manter a simetria com a qual tratamos todas as fases libidinais neste ensaio, vamos relembrar os dados da fase genital.

- A **idade** da fase genital: Após a puberdade
- A **zona** erógena correspondente: genitálias masculina e feminina
- As formas de "pensamento" vinculados à zona erógena: maturidade sexual
- Os **sinais adultos de "regressão"**: Como é a última fase, não há regressão. Estar fixado nessa fase seria um sinal de um desenvolvimento saudável da psique. No entanto, com as questões contemporâneas da adolescência, há questões que colocam possibilidades de regressão na fronteira de entrada da fase genital, indicando dores psíquicas com a recusa de amadurecer.

---

[48] FLANZER, S N. "A entrada na adolescência". *Estilos clínicos,* v. 14, n. 27, 2009.

A importância do desenvolvimento psicossexual para a clínica

Muitos de vocês devem estar se questionando sobre a importância da descrição do desenvolvimento psicossexual para a clínica psicanalítica. A resposta é bem simples: é de importância crucial.

Para a Sigmund Freud, as dores psíquicas não residem nos sonhos ou nos atos falhos. Eles são apenas o sintoma, a manifestação. São os traumas que ocorrem no desenvolvimento psicossexual que causam os traumas que desencadearão esses sintomas. Assim, a clínica psicanalítica de uma matriz freudiana mais ortodoxa não é uma clínica dos sonhos.

Aliás, a ideia de clínica dos sonhos é mais próxima dos junguianos, dissidentes da psicanálise com os seus arquétipos, inconsciente coletivo e uma visão distinta sobre o masculino e feminino na psique humana (*Anima* e *Animus*).

Se a *Interpretação dos Sonhos* inaugura a Psicanálise, foi esse vislumbre do desenvolvimento psicossexual antes da puberdade - e como isso causa as neuroses e demais dores psíquicas - que se colocou como grande revolução de Freud em tempos onde falar de sexualidade era um grande tabu.

Claro que muitas das ideias de Freud, nos inúmeros textos dele sobre a questão da sexualidade parecem arcaicos ou, até mesmo, descabidos. Parte de uma irritação com o Freud e sua insistência edipiana, fez a Psicanálise evoluir para caminhos mais simbólicos na clínica - tais como os de Lacan - ou mesmo caminhos mais próximos de um dia a dia do ser humano em pleno desenvolvimento, tal como os de Melanie Klein.

No entanto, o pensamento de Freud não pode ser descartado, especialmente estas ideias sobre as fases psicossexuais. Uma leitura superficial delas esconde o engenho freudiano em analisar o individual com o coletivo, o privado com o público, o inconsciente com o consciente.

O trabalho do psicanalista é sempre se atualizar diante dos tempos. Isso está lá em Freud.

"Um grande desafio mostra-se um pouco menos penoso quando descobrimos que, já em Freud, estão os primeiros movimentos para a psicanálise desembaraçar-se

dessas tramas. Afinal, Freud, por mais fiel que fosse às suas ideias, e talvez por isso mesmo, nunca se mostrou um teórico abstrato demais a ponto de não levar em conta o que acontece ao redor do sujeito e mesmo no decorrer de sua constituição. Freud falou tanto de infância, puberdade e vida adulta quanto de como a guerra, a religião, a arte e outros acontecimentos de sua época impactavam o psiquismo humano. Entender esses dois aspectos, dos tempos de constituição do sujeito e dos efeitos da cultura sobre o aparelho psíquico, sem desviar do sujeito do inconsciente, é trabalho fundamental ao psicanalista."[49]

Logo, é importante ressaltar que essa atualização deve ser sempre feita para a Psicanálise reforçar o seu caráter essencial de liberdade e igualdade entre todos os seres humanos, e não utilizá-la como uma forma de justificar preconceitos vinculados à sexualidade tais como a homofobia e a misoginia, ou qualquer outra forma de preconceito vivido na sociedade.

O psicanalista Antonio Quinet deixa bem claro essa postura libertária e igualitária do psicanalista, marcando o

---

[49] OLIVEIRA,H. M.; HANKE, B. C. "Adolescer na Contemporaneidade: uma crise dentro da crise". *Ágora*, v. XX n. 2, mai/ago 2017, p. 296

seu estilo lacaniano (que fala em "sinthomas" e em "gozo" ao invés de desejo, para demarcar o lado simbólico dessas questões psíquicas):

"O que a psicanálise nos ensina é que tem algo do gozo que não é coletivizável, na medida em que é aquilo que cada sujeito tem de mais singular. E que tampouco entra no discurso, como as coisas do amor e do sexo que não se encaixam em nenhum discurso previamente estabelecido. É o que não faz plural, mas não deixa de fazer parceria. E isto é uma questão a ser levada em conta na política. A singularidade é o modo como cada um goza de seu inconsciente, ou seja, seu sinthoma. A política da psicanálise é a política do sinthoma. E ao levá-la para o mundo e poder se defrontar com a "civilização", os analistas se situam politicamente contra os discursos que fazem obstáculo ao sinthoma de cada um, que hierarquizam formas de parcerias sexuais, que discriminam determinadas maneiras de gozar, que excluem fala-a-seres por suas opções, cor, credos, classe social e suas aspirações e sinthomas. O psicanalista não pode ser preconceituoso e deixar-se contaminar pela moral, religião ou o discurso da ciência que foraclui o sujeito. A psicanálise é antirracista, pois admite que o estrangeiro

habita o âmago de cada um e o diferente (heteros) é parte de si. Cabe ao analista fazer entrar a consideração pelo gozo do sinthoma, com sua singularidade, no discurso de sua polis. E no espaço público e no privado, trazer a política que sua prática ensina."[50]

Assim, na próxima sessão, além dos textos clássicos de Freud, é indicada a leitura de alguns trabalhos mais recentes sobre sexualidade e psicanálise que são cruciais para a compreensão do trabalho clínico atual. Mais que a busca por catalogações, julgamentos e interpretações, o trabalho do psicanalista é de escuta ativa, de compreensão do sujeito para que ele possa se autocompreender.

As fases psicossexuais não podem se colocar como uma estrutura normalizante, mas sim um mapa para melhor compreender onde está cada questão traumática, de onde se originou o sintoma, onde está fixado aquilo que causa uma dor psíquica naquele que está no divã confiando no psicanalista.

Sempre é bom repetir sobre as tarefas éticas do psicanalista com o seu trabalho. Uma tarefa das mais

---

[50]QUINET, A. "Homofobias psicanalíticas na psicologização do Édipo". *Stylus* n. 33, Rio de Janeiro, nov. 2016

cruciais é entender que o papel dele não é "consertar" o seu cliente, mas sim a compreensão e a promoção do autoconhecimento para apaziguamento de dores psíquicas e auxílio terapêutico em psicopatologias mais graves que requerem a presença de outros profissionais da classe médica e psicológica.

Dicas de leitura

Nesta seção, há aqui algumas dicas de leitura para ampliar os seus conhecimentos nos assuntos tratados neste livro. São livros do próprio Sigmund Freud, de psicanalistas, filósofos e artistas que versam sobre o estabelecimento das ideias fundamentais sobre as fases libidinais do desenvolvimento psicosexual bem como a questão do Complexo de Édipo e suas implicações na clínica e análise psicoanalíticas.

Freud (1901-1905) - três ensaios sobre a teoria da sexualidade e outros textos

Sigmund Freud

Companhia das Letras, 2016

Sinopse fornecida pela Editora: "Este sexto volume das obras completas de Freud traz textos fundamentais para o entendimento da psicanálise, como Três ensaios sobre a teoria da sexualidade, que recorre a sexólogos contemporâneos do psicanalista e às observações feitas a partir de seus pacientes para enfatizar a centralidade do sexo na vida humana. Tratando das aberrações sexuais, da sexualidade infantil e adulta, Freud amplia e reformula o conceito de sexualidade. Outro grande texto deste volume é "O caso Dora", primeiro dos cinco casos clínicos mais importantes de Freud. Interpretando dois sonhos de "Dora", ele procura desvendar seus sintomas histéricos e sua correlação com a recusa do sexo."

Histeria e sexualidade: Clínica, estrutura, epidemias

Marco Antonio Coutinho Jorge & Natália Pereira Travassos

Zahar, 2021

Sinopse fornecida pela Editora: "Dando prosseguimento à sua trilogia sobre sexualidade contemporânea — iniciada com Transexualidade —, Marco Antonio Coutinho Jorge e Natália Pereira Travassos abordam agora a relação entre Histeria e sexualidade. O termo "histeria" adquiriu popularmente uma acepção pejorativa, que, no entanto, ignora ou menospreza a riquíssima e tumultuada história do fenômeno histérico. O exame psicanalítico da histeria revela surpresas. Estudada desde a Antiguidade, origem da descoberta do inconsciente, estrutura dividida e conflitiva do sujeito, posição discursiva fundamental, recusada pela psiquiatria contemporânea, a histeria atravessou os séculos numa trajetória acidentada e marcada por epidemias. Histeria e sexualidade traz um panorama dessa afecção impressionante e nomeia a nova roupagem que ela assumiu na virada do milênio: histeria de gênero. Dividido em cinco partes, ocupa-se de clínica, estrutura e epidemias de histeria, debruçando-se ainda sobre a crucial dissecação dos discursos empreendida por Lacan. Ao final do volume, uma tabela sintetiza o essencial da álgebra lacaniana, esclarecendo como ler e interpretar os principais matemas – um auxílio precioso para o leitor de psicanálise."

Sexual: A sexualidade ampliada no sentido freudiano

Jean Laplanche

Dublinense, 2019

Sinopse fornecida pela Editora: "Este volume reúne textos de Jean Laplanche escritos de 2000 a 2006, que representam seu último avanço no que denominou a "revolução copernicana inacabada". Apresenta seu modelo para uma terceira tópica do psiquismo humano, aprofundamento de conceitos metapsicológicos e de temas polêmicos como a castração e o Édipo como esquemas narrativos e não como fantasias originárias; a questão do gênero, do sexo e do sexual e do apego, bem como interações com outras áreas do pensamento humano. O que é o "Sexual ampliado"? Que consequências há para a psicanálise a existência de uma espécie de radicalidade do papel do outro humano na criação e constituição do psiquismo? Onde se instalam na alma humana as "mensagens enigmáticas sexuais" emitidas pelos adultos e qual seu destino? O que é o processo tradutivo? Como esse processo tradutivo cria espaços psíquicos? Qual o papel da linguagem, da cultura, dos mitos nessa construção tradutiva do psiquismo? Se castração e Édipo são esquemas narrativos, como redefinir gênero, sexo e o sexual? Estas e muitas outras interrogações são objeto desta coletânea dos últimos textos produzidos por Jean Laplanche, seguindo seus Novos Fundamentos para a Psicanálise, baseados na Teoria da Sedução Generalizada. Com o rigor metodológico e a precisão conceitual que o caracterizaram, Laplanche nos oferece, dentre vários avanços constantes desta obra, seu modelo para uma terceira tópica do psiquismo, com a noção de dois espaços inconscientes adicionados a um espaço pseudoinconsciente onde a linguagem, através do mito e do símbolo, fornecem códigos para a tradução das mensagens enigmáticas sexuais, podendo ser um auxiliar ou um perturbador do processo tradutivo. Esta nova maneira de pensar a alma humana abre uma possibilidade de integração com outros modelos psicanalíticos, bem como, com o de outras disciplinas, como a antropologia e a psiquiatria."

Freud: A Conquista do Proibido

Renato Mezan

Ateliê, 2003

Sinopse fornecida pela Editora: "O proibido – a sexualidade. O reprimido – o inconsciente. Trazendo à tona essas relações, o "pai da psicanálise" abalou a imagem que o homem ocidental fazia de si mesmo. Com preciosas informações biográficas e um breve estudo da obra de Freud, Mezan mostra quem foi essa personalidade e quais foram suas realizações mais importantes. Freud – A Conquista do Proibido dirige-se àqueles que pretendem se familiarizar com a teoria freudiana e com os debates da psicanálise."

Real e o Sexual: De Freud a Lacan

Claude Conte

Zahar, 1995

Sinopse fornecida pela Editora: "Este livro é o relato das diferentes interrogações suscitadas a um psicanalista nos diversos momentos de seu percurso teórico e clínico. Nesse sentido, a abordagem de Conté incide em pontos nevrálgicos da clínica psicanalítica, tais como a angústia e a fobia, além de tematizar rigorosamente o narcisismo e a clivagem do sujeito. O autor atribui grande ênfase à relação entre o sexual, tal como concebido por Freud em seu modelo pulsional, e o real - categoria lacaniana tão fundamental quanto difícil de ser apreendida -, perguntando; em que o real de Lacan, definido como impossível, permite melhor captar a especificidade da pulsão freudiana, despedaçada e inapta à satisfação absoluta? Além desta questão, Conté trata também da problemática da transferência em sua relação com o passe e o fim da análise, tema crucial para o desenvolvimento futuro da psicanálise."

Sexo e Vida em Freud: A Sexualidade Infantil e o Conceito Freudiano de ego Total

Victor Manoel Andrade

Imago, 2013

Sinopse fornecida pela Editora: "A clínica atual permite concluir que a psicanálise transforma a estrutura mental graças à capacidade do analista, conferida por transferência positiva, de replicar a função materna, de modo a gerar um processo afetivo intersubjetivo em que o analista se identifica empaticamente com o paciente, enquanto este se identifica introjetivamente com o analista. A internalização do novo modelo de relação objetal criado na análise modifica a estrutura mental resultante da introjeção das primeiras relações afetivas. Entretanto, embora a clínica atual pouco tenha a ver com a sexualidade infantil, os procedimentos analíticos têm seguido o paradigma cognitivo da interpretação de desejos sexuais infantis reprimidos, correspondente à chamada metáfora arqueológica. Urge reconhecer a obsolescência desse modelo, cuja substituição tende a favorecer a adoção de procedimentos compatíveis com a nova realidade clínica, sem que os analistas se sintam transgressores de cânones cuja qualidade de cláusula pétrea começou a ser abalada a partir do último quartel do século passado."

Óidipous, Filho de Laios. A História de Édipo Rei Pelo Avesso. Uma Transcriação

Antonio Quinet

Giostri, 2015

Sinopse fornecida pela Editora: "Esta obra é uma transcrição da peça de Sófocles que pretende, mais do que resgatar Édipo Rei, tratar de sua temática nos dias de hoje com roupagem antropofágica e foco diferenciado e suscitar uma discussão que não chega a termo: a de que Édipo somos todos nós, com nossa ignorância em torno de algo que, no fundo, nos é bastante conhecido, e que rejeitamos por medo de saber."

SOBRE ESTE LIVRO

A psicanálise é uma Weltanschauung, uma cosmovisão capaz de dar conta ao mundo movido pelo byte e escrito em processadores de texto nas "nuvens". Basta que os psicanalistas do século XXI tenham o mesmo espírito de Freud e dos psicanalistas do século XX: o espírito da permanente investigação visando uma Weltanschauung sempre pertinente.

É nesse espírito de pertinência (e atualidade) que escrevemos este livro.

Falaremos do processo de desenvolvimento psicossexual visto psicanaliticamente. São os conceitos mais inovadores de Sigmund Freud e que tornaram a Psicanálise célebre. Ao pensar as pulsões de origem sexual como um importante quesito na formação do ser humano, Freud não só cria conceitos tais como as fases (anal, oral, fálica, latência e genital), mas também a ideia de objeto de desejo e o famoso "complexo de Édipo".

São conceitos que chocaram no momento de sua criação no início do século XX. Ao vincular o desenvolvimento da mente de todos os humanos a fatores vinculados à libido ("Na mente de todo mundo?", podem perguntar. "Sim, na mente de todos nós", é a resposta freudiana), Freud - diferentemente de Piaget, Vygotsky ou os behavioristas - cria uma condição de desenvolvimento psicossexual, equacionando as formas básicas de sobrevivência e reprodução (instintos) com a nossa capacidade psíquica da mente de criar realidades.

Esta é uma iniciativa do autor dentro da transmissão da Psicanálise, se unindo aos inúmeros produtos de sua Psicanálise "vira-lata", ou seja, uma cosmovisão sem amarras das vertentes psicanalíticas e sempre comprometido com a ideia de Bruno Bettelheim de que a Psicanálise visa o autoconhecimento e a busca pelo "Espírito Humano" sem vinculação com religiões ou outras ortodoxias.

Assim, este é um livro tanto para interessados em Psicanálise, psicanalistas, estudantes e/ou curiosos, ou seja, para qualquer um. Que a metapsicologia de Freud e sua cosmovisão psicanalítica estejam com todos vocês nas próximas páginas!

SOBRE O AUTOR

Rafael Duarte Oliveira Venancio é escritor, dramaturgo, psicanalista, astrólogo, psicoterapeuta holístico e professor, além de storyteller-chief da To the Moon | Soluções em Storytelling e co-idealizador do Caminhada Estelar - Espaço de Autoconhecimento e Expansão da Consciência.

É Doutor em Meios e Processos Audiovisuais pela Escola de Comunicações e Artes da Universidade de São Paulo (ECA/USP), onde também se formou Mestre em Ciências da Comunicação e Bacharel em Comunicação Social - Habilitação em Jornalismo, além de possuir licenciatura em História pela FIAR-CESUAR. Cumpriu entre 2019 e 2020, o estágio de pós-doutorado em Ficção e Dramaturgia Radiofônica na própria USP.

Enquanto escritor e dramaturgo, publicou uma centena de livros enquanto autor independente e por editoras tradicionais em quatro línguas. Suas peças de teatro e de radioteatro foram encenadas em três línguas em sete países. Seus temas mais frequentes são ficção e reimaginação histórica, metadramaturgia, história do futebol e storytelling filosófico. No campo da Psicanálise, trabalha como pesquisador e crítico psicanalítico em Educação, Comunicação, Arte e Cultura desde 2005. Possui certificações no campo psicoterapêutico e astrológico no Brasil e no exterior, sendo membro efetivo da Astrological Psychology Association.

Lattes: http://lattes.cnpq.br/3649723115710339
Facebook e Twitter: @rdovenancio
Instagram: @rafaeldovenancio
www.rdovenancio.com.br

SOBRE O CAMINHADA ESTELAR | ESPAÇO DE AUTOCONHECIMENTO E EXPANSÃO DA CONSCIÊNCIA

O Caminhada Estelar é um Espaço de Autoconhecimento e Expansão da Consciência fundado em 2021 pelo casal Simone Lly e Rafael Duarte Oliveira Venancio.

A proposta do Caminhada Estelar é de ser um espaço onde concentramos nossos atendimentos, cursos e grupos de estudo.

Além disso, é um lugar onde postamos assuntos relacionados, frases inspiradoras e meditações guiadas. Acompanhe sempre o nosso blog (www.caminhadaestelar.com.br) e siga a gente no Instagram (@caminhadaestelar).

SOBRE A TO THE MOON | SOLUÇÕES EM STORYTELLING

Contamos histórias e estórias...
Ensinamos a contar histórias...
Sonhamos com mais estórias.

Ir para a Lua. Esta, talvez, seja a metáfora mais importante dentro do mundo daqueles que se preocupam com a imaginação e com as boas histórias. Imaginação essa que pode ser literária tal como a de Jules Verne, pode ser artística tal como a de George Meliès ou pode ser, até mesmo, tecnológica e desbravadora tal como aquela que possibilitou o feito de Neil Armstrong.

Walter Benjamin nos lembra que a narração é uma característica humana em extinção, apesar de necessária. O problema não é que não temos mais um público interessado nas boas histórias e estórias. Pelo contrário. Não temos mais narradores.

Neste contexto, surge a To the Moon: Soluções em Storytelling. Trabalhamos em 3 frentes para buscar um mundo com mais histórias contadas: (1) Criamos materiais tais como livros, ebooks e podcasts para demonstrar novas formas de ficção e de uso enquanto material didático para quem deseja entrar nesse mundo, não importando a linguagem midiática; (2) Ensinamos com oficinas, palestras e cursos EAD o exercício do storytelling e da narratologia, que são as ferramentas para criar autores e narradores; e (3) Disponibilizamos serviços editoriais e de tutoria para autores, que vão da ajuda inicial até a publicação de livros, ebooks e podcasts, para que novas histórias e estórias venham à tona.

Conheça mais o nosso trabalho e faça um orçamento!

To the Moon | Soluções em Storytelling
Site:https://tothemoonstorytelling.blogspot.com
Twitter e Instagram: @ToTheMoonStory
E-mail: tothemoon.storytelling@gmail.com